高等院校财会专业系列教材

基础会计学习题与案例

（第二版）

主　编　齐灶娥　程　玲
副主编　章世超　晏会英
　　　　彭海红　张　饶
参　编　曾向明

微信扫码　申请资源

南京大学出版社

图书在版编目(CIP)数据

基础会计学习题与案例 / 齐灶娥,程玲主编. — 2 版.
— 南京 : 南京大学出版社,2019.12(2023.9 重印)
ISBN 978 - 7 - 305 - 22738 - 7

Ⅰ. ①基⋯ Ⅱ. ①齐⋯ ②程⋯ Ⅲ. ①会计学—高等
学校—教学参考资料 Ⅳ. ①F230

中国版本图书馆 CIP 数据核字(2019)第 268216 号

出版发行　南京大学出版社
社　　址　南京市汉口路 22 号　　　　邮　编　210093
出 版 人　王文军

书　　名　**基础会计学习题与案例**
主　　编　齐灶娥　程　玲
责任编辑　武　坦　　　　　　　编辑热线　025 - 83592315
照　　排　南京南琳图文制作有限公司
印　　刷　广东虎彩云印刷有限公司
开　　本　787×1092　1/16　印张 7.5　字数 182 千
版　　次　2023 年 9 月第 2 版第 3 次印刷
ISBN 978 - 7 - 305 - 22738 - 7
定　　价　19.00 元

网址：http://www.njupco.com
官方微博：http://weibo.com/njupco
微信服务号：njuyuexue
销售咨询热线：(025) 83594756

前　言

拥有一本好的教材，还需要有一本好的辅导书！

为了帮助读者更好地理解和掌握《基础会计学》课程的基础知识、基本理论和基本技能操作，提高读者分析问题、解决问题的能力，以及应对初级会计师考试能力，根据《基础会计学》教材（齐灶娥、程玲主编，南京大学出版社）的内容和要求，结合初级会计师考试的要求，组织编写了本练习册，作为该教材的配套辅导书。

本书采用与《基础会计学》最新修订教材的篇章一致的结构体系，并根据修订版的教材更新了部分习题与案例。本书最大的特色就是将《基础会计学》的基础知识、基本理论与初级会计师考试大纲要求相结合，补充了大量历年的初级会计师考试的真题，便于大家在学习《基础会计学》基本理论知识的同时，能顺利通过初级会计师考试。

本书由华东交通大学理工学院齐灶娥、程玲主编，章世超、晏会英、彭海红、张饶任副主编。具体分工情况如下：第一章、第二章由彭海红编写；第三章、第四章、第六章由齐灶娥编写；第五章由章世超编写；第七章、第八章、第十一章由程玲编写；第九章、第十章由晏会英编写，张饶对本书内容进行了校对和排版。

本书的编写得到了华东交通大学理工学院相关部门和老师的大力支持，部分老师还对本书提出了有益的修改意见，在此表示衷心的感谢！由于时间仓促、水平有限，本书错误和不足之处在所难免，诚请读者给予批评指正！

编　者

2019 年 10 月

目　　录

第一章 企业和会计工作组织概述

一、名词解释

1. 企业
2. 合伙制企业
3. 会计工作组织
4. 集中核算
5. 非集中核算
6. 会计机构
7. 会计法规制度
8. 会计法
9. 基本准则
10. 具体准则
11. 管理幅度
12. 法人

二、单选题

1. 企业的目的是（　　）。
   - A. 以营利为目的
   - B. 以生产产品为目的
   - C. 以独立经营为目的
   - D. 以成为法人资格为目的

2. 下列各项中，不属于《企业会计准则》中具体准则规范的会计处理内容的是（　　）。
   - A. 会计计量属性与计量原则
   - B. 长期股权投资
   - C. 投资性房地产
   - D. 存货

3. 下列属于《小企业会计准则》规定的可以使用的方法是（　　）。
   - A. 固定资产折旧的年限平均法
   - B. 实际利率摊销法
   - C. 计提资产减值准备的方法
   - D. 所得税核算的债务法

4. 下列各项中，不属于《企业会计准则》中基本准则规范内容的是（　　）。
   - A. 会计要素及其确认标准
   - B. 金融工具的确认与计量
   - C. 会计信息质量要求
   - D. 会计基本假设

5. 以出资额为限对公司债务承担有限责任的是（　　）。
   - A. 个人独资企业
   - B. 合伙制企业
   - C. 有限责任公司
   - D. 无限责任公司

6. 管理幅度与管理层次之间的关系是（　　）。
   - A. 正比例关系
   - B. 无比例关系
   - C. 结构比例关系
   - D. 反比例关系

7. 根据《公司法》规定，有限责任公司注册资本的最低限额为人民币（　　）。
   - A. 3 万元
   - B. 10 万元
   - C. 500 万元
   - D. 30 万元

8. 合伙企业是属于（　　）。
   - A. 自然人企业
   - B. 法人企业
   - C. 公司企业
   - D. 企业集团

9. 在企业组织结构的设计上，既有按职能划分的垂直领导系统，又有按产品（项目）划分的横向领导系统，这种组织结构属于（　　）。
   - A. 直线制组织结构
   - B. 矩阵制组织结构
   - C. 事业部制组织结构
   - D. 直线职能制组织结构

10. 最基本的，又是比较简单的结构形式是（　　）。
    - A. 直线型组织结构
    - B. 职能型组织结构

C. 直线参谋型组织结构　　　　　　D. 矩阵型组织结构

11. 根据《公司法》规定,一人有限责任公司注册资本的最低限额为人民币(　　)。

A. 3 万元　　　B. 10 万元　　　C. 500 万元　　　D. 30 万元

12. 根据《公司法》规定,股份有限公司注册资本的最低限额为人民币(　　)。

A. 3 万元　　　B. 10 万元　　　C. 500 万元　　　D. 30 万元

三、多选题

1. 下列有关会计准则的表述中,正确的有(　　)。

　　A. 是政府从事国际经济交往的重要手段

　　B. 是政府控制经济活动,规范经济秩序的重要手段

　　C. 是反映经济活动,确认产权关系,规范收益分配的会计技术标准

　　D. 是生成和提供会计信息的重要依据

2. 下列各项中,符合我国《企业会计准则》中有关会计期间的划分规定的有(　　)。

　　A. 年度　　　B. 月度　　　C. 季度　　　D. 半年度

3. 与《企业会计准则》相比,《小企业会计准则》的特点有(　　)。

　　A. 减少了会计职业判断　　　　　　B. 简化了会计确认程序和方法

　　C. 简化了会计披露要求　　　　　　D. 简化了会计计量方法

4. 下列各项中,属于《企业会计准则》中具体准则规范的内容有(　　)。

　　A. 投资性房地产　　　　　　　　　B. 会计基本假设

　　C. 长期股权投资　　　　　　　　　D. 财务报告的目标

5. 下列各项中,属于《企业会计准则》中基本准则规范的内容有(　　)。

　　A. 会计信息质量要求　　　　　　　B. 会计基本假设

　　C. 金融工具的确认和计量　　　　　D. 会计要素及其确认标准

6. 下列各项中,不属于《小企业会计准则》规范的内容有(　　)。

　　A. 企业年金基金　　　　　　　　　B. 合并财务报表

　　C. 资产负债表日后事项　　　　　　D. 企业合并

7. 工资核算岗位的职责一般包括(　　)。

　　A. 计算职工薪酬,分配职工薪酬,编制工资分配明细表

　　B. 编制工资表,送交银行,保证月度工资按时准确发放

　　C. 及时清理其他应付款,保证代扣代缴到位

　　D. 确保养老金、公积金、房租、水电费等扣缴到位

8. 一个企业是否需要设置会计机构,一般取决于(　　)。

　　A. 企业规模的大小　　　　　　　　B. 经济业务和财务收支的繁简

　　C. 经营管理的要求　　　　　　　　D. 管理当局的意愿

9. 科学合理地组织会计工作对充分发挥会计在经济管理中的作用具有重要意义,具体表现为(　　)。

　　A. 有利于保证会计工作的质量,提高会计工作的效率

　　B. 有利于协调会计工作与其他经济管理工作的关系,提高企业整体管理水平

　　C. 有利于完善企业内部的经济责任制度

D. 有利于提高工人的素质

10. 会计工作岗位可以（　　　）。

    A. 一人一岗   B. 一人多岗   C. 一岗多人   D. 多人多岗

11. 下列属于行政法规的有（　　　）。

    A.《会计法》   B.《总会计师条例》

    C.《会计基础工作规范》   D.《企业会计准则》

12. 下列属于统一的会计制度的有（　　　）。

    A.《会计档案管理办法》   B.《会计基础工作规范》

    C.《企业财务报告条例》   D.《企业会计制度》

13. 我国的会计法律制度包括（　　　）。

    A. 会计法律   B. 会计行政法规

    C. 国家统一的会计制度   D. 地方性会计法规

14. 一个单位是否设置会计机构，主要取决于（　　　）。

    A. 是否有合格的人员担任会计机构负责人

    B. 单位规模大小

    C. 经济业务和财务收支的繁简

    D. 经营管理的要求

15. 根据规定出纳人员不得兼任的工作有（　　　）。

    A. 稽核   B. 会计档案的保管

    C. 收入、费用、债权债务账目的登记   D. 固定资产明细账的登记

四、判断题

1. 会计要素及其确认标准属于《企业会计准则》中基本准则规范的内容。（　　）

2. 企业的会计工作主要是通过一系列会计程序，积极参与企业经营管理决策，并对企业的经济活动和财务收支进行核算和监督。（　　）

3. 会计准则是生成和提供会计信息的重要依据。（　　）

4. 不同的企业，由于性质不同，其组织结构和基本业务流程也不完全一样。（　　）

5. 出纳人员可以兼管稽核、会计档案保管和收入、费用、债权债务账目的登记工作。（　　）

6. 我国的会计法规制度是一个以《中华人民共和国会计法》为中心，《企业会计准则》和《企业会计制度》为补充的较为完备的会计法规制度体系。（　　）

7. 爱岗敬业是会计人员职业道德的基本要求，其他都不重要。（　　）

8. 会计和出纳可以是同一个人。（　　）

9. 经济责任制度是按照责、权、利相结合的原则，将公司、企业生产经营计划总指标加以分解，层层落实到职能部门、基层单位及职工个人的经营管理制度。（　　）

10. 实行集中核算的缺点是核算层次多，工作量大，不利于会计人员分工。（　　）

11. 会计法律是指调整经济生活中某些方面会计关系的法律。（　　）

12. 国家统一的会计制度，是指国务院财政部门根据《会计法》制定的关于会计核算、会计监督、会计机构和会计人员以及会计工作管理的制度。（　　）

13. 财政部门有权对会计师事务所出具的审计报告的程序和内容监督。　　（　　）

14. 会计主管人员就是"会计主管"。　　（　　）

15. 报名参加会计专业技术中级资格考试的人员,都必须具备规定的学历或学位条件。　　（　　）

五、会计实务题

大华公司 2019 年 1 月发生的部分经济业务或事项如下:

(1) 1 日,组织编制公司的财务成本费用计划;

(2) 2 日,编制筹资计划和资金使用预算;

(3) 10 日,登记现金和银行存款日记账:

(4) 12 日,填写现金支票;

(5) 31 日,计算职工的各种薪酬;

(6) 31 日,计算产品成本;

(7) 31 日,编制会计报表;

(8) 31 日,分析财务成本费用和资金执行情况。

要求:请指出每一项经济业务或事项应由哪一个会计岗位的人员来完成。

第二章　基础会计概述

一、名词解释

1. 会计　　　　　2. 会计反映职能　　3. 会计监督职能　　4. 会计的方法

5. 会计属性　　　6. 会计假设　　　　7. 会计主体　　　　8. 权责发生制

9. 会计信息质量要求　　10. 收付实现制

二、单选题

1. 企业故意提前进行会计确认、计量和报告,违背的会计信息质量要求主要是（　　）。

   A. 及时性　　　　　B. 谨慎性　　　　　C. 实际重于形式　　D. 可理解性

2. 下列各项中,属于企业会计核算基础的是（　　）。

   A. 收付实现制　　　B. 持续经营　　　　C. 会计分期　　　　D. 权责发生制

3. 下列各项中,不属于会计基本特征的是（　　）。

   A. 会计以货币为主要计量单位　　　　　B. 会计是一种经济管理活动

   C. 会计是一个经济信息系统　　　　　　D. 会计具有预测和决策的职能

4. 企业为应付账款计提坏账准备,主要体现了（　　）会计信息质量的要求。

   A. 一致性　　　　　B. 谨慎性　　　　　C. 重要性　　　　　D. 可比性

5. 对可能无法收回的应收账款作资产减值损失处理,体现了（　　）会计信息质量的要求。

   A. 客观性　　　　　B. 重要性　　　　　C. 谨慎性　　　　　D. 实质重于形式

6. 下列各项中,符合可靠性会计信息质量要求的是（　　）。

   A. 根据没有发生的交易进行确认、计量和报告

   B. 根据尚未发生的交易进行确认、计量和报告

   C. 根据虚构的交易进行确认、计量和报告

   D. 完整、充分地提供应予以披露的信息

7. 企业将采用融资租赁方式租入的固定资产作为自有资产入账,主要体现的会计信息质量要求是（　　）。

   A. 及时性　　　　　B. 实质重于形式　　C. 可靠性　　　　　D. 谨慎性

8. 货款已收到,但销售并未实现,则企业不应当确认销售商品收入,这一做法是（　　）。

   A. 可比性信息质量要求　　　　　　　　B. 谨慎性信息质量要求

   C. 收付实现制基础的要求　　　　　　　D. 权责发生制基础的要求

9. 将企业持续经营的生产经营活动划分为一个连续的、长短相同的期间,体现的会计基本假设是（　　）。

   A. 会计分期　　　　B. 货币计量　　　　C. 持续经营　　　　D. 会计主体

10. 下列选项中,符合会计管理活动论观点的是(　　)。

    A. 会计是一种经济信息活动

    B. 会计是一个经济信息系统

    C. 会计是一项管理经济系统的工具

    D. 会计是以提供经济信息,提高经济效益为目的的一种管理活动

11. 下列选项中,不属于会计核算专门方法的是(　　)。

    A. 成本计算与复式记账   B. 错账更正与评估预测

    C. 设置账户与填制、审核会计凭证   D. 编制财务报表与登记账簿

12. 下列关于会计职能的表述中,正确的是(　　)。

    A. 一成不变的

    B. 随着生产关系的变更而发展

    C. 只有在社会主义制度下才能发展

    D. 随着社会的发展、技术的进步、经济关系的复杂化和管理理论的提高而不断变化

13. 会计在反映各单位经济活动时主要使用的是(　　)。

    A. 货币量度和劳动量度   B. 劳动量度和实物量度

    C. 实物量度和其他量度   D. 货币量度和实物量度

14. 会计具有双重属性,即(　　)。

    A. 社会性与综合性   B. 综合性与系统性

    C. 系统性与技术性   D. 技术性与社会性

15. 下列选项中,会计作用的发挥取决于(　　)两个重要因素。

    A. 外部环境因素和内部环境因素   B. 外部环境和社会政治

    C. 内部环境和认识   D. 正面作用和负面作用

16. 确定会计核算工作空间范围的前提条件是(　　)。

    A. 会计主体   B. 持续经营   C. 会计分期   D. 货币计量

17. 下列各项会计信息质量要求中,对相关性和可靠性起着制约作用的是(　　)。

    A. 及时性   B. 谨慎性   C. 重要性   D. 实质重于形式

18. 各企业单位处理会计业务的方法和程序在不同会计期间要保持前后一致,不得随意变更,这符合(　　)。

    A. 相关性原则   B. 可比性原则   C. 可理解性原则   D. 重要性原则

19. 按照收付实现制的要求,确定各项收入和费用归属期的标准是(　　)。

    A. 实际发生的收付   B. 实际收付的业务

    C. 实际款项的收付   D. 实现的经营成果

20. 企业的会计期间是(　　)。

    A. 自然形成的   B. 人为划分的   C. 一个周转过程   D. 营业年度

21. 在会计职能中,属于控制职能的是(　　)。

    A. 进行会计核算   B. 实施会计监督   C. 参与经济决策   D. 评价经营业绩

22. 会计核算的最终环节是(　　)。

A. 确认　　　　　　B. 计量　　　　　　C. 计算　　　　　　D. 报告

23. 关于会计的说法错误的是(　　)。

　A. 会计是一项经济管理活动

　B. 会计的主要工作是核算和监督

　C. 会计的对象针对的是某一主体平时所发生的经济活动

　D. 货币是会计唯一计量单位

24. 下列各项中,不属于谨慎性原则要求的是(　　)。

　A. 资产计价时从低　　　　　　　　B. 利润估计时从高

　C. 不预计任何可能发生的收益　　　　D. 负债估计时从高

25. 在会计核算的基本前提中,界定会计工作和会计信息的空间范围的是(　　)。

　A. 会计主体　　　B. 持续经营　　　C. 会计分期　　　D. 货币计量

26. 持续经营是建立在(　　)基础上的。

　A. 会计主体　　　B. 权责发生制　　C. 会计分期　　　D. 货币计量

27. 会计分期是建立在(　　)基础上的。

　A. 会计主体　　　B. 持续经营　　　C. 权责发生制　　D. 货币计量

三、多选题

1. 下列有关会计信息质量要求的表述中,错误的有(　　)。

　A. 在同一个会计期间,不同的企业可以根据不同的确认、计量和报告要求提供有关会计信息

　B. 在不同的会计期间,同一企业可以按照不同的确认、计量和报告标准提供有关会计信息

　C. 有意违背应予以披露的会计信息,不会降低所提供的会计信息质量

　D. 与会计信息使用者决策相关的有用信息,都应当充分披露

2. 下列各项中,可以反映会计核算基本职能内容要求的事项有(　　)。

　A. 编制财务预算　　B. 进行会计确认　　C. 进行会计计量　　D. 提供财务报告

3. 下列有关会计职能的表述中,正确的有(　　)。

　A. 评价经营业绩是会计的拓展职能　　B. 预测经济前景是会计的基本职能

　C. 会计监督是会计核算的质量保证　　D. 会计核算是会计的基本职能

4. 不是企业有意对财务报告中提供的会计信息进行省略,误导会计信息使用者做出错误决策,违背的会计信息质量要求有(　　)。

　A. 及时性　　　　B. 重要性　　　　C. 可靠性　　　　D. 谨慎性

5. 下列有关会计的说法中,正确的有(　　)。

　A. 本质上是一种经济管理活动　　　　B. 核算特定主体的经济活动

　C. 对经济活动进行核算和监督　　　　D. 以货币为主要计量单位

6. 下列各项中,属于企业会计目标的有(　　)。

　A. 进行财产物资的收发、增减和使用

　B. 进行会计核算,实施会计监督

　C. 向财务报告使用者提供有用的会计信息

    D. 反映企业管理层受托责任的履行情况

7. 下列各项中，可以保障会计信息质量的有（   ）。

    A. 有意遗漏应予以披露的会计信息

    B. 延后进行会计确认、计量和报告

    C. 在不误导会计信息使用者做出准确判断的前提下，对错误报告中提供的信息进行省略

    D. 对与会计信息使用者决策相关的有用信息，都予以充分披露

8. 下列各项中，可确认为会计主体的有（   ）。

    A. 集团公司   B. 子公司   C. 母公司   D. 企业年金基金

9. 下列说法中，正确的有（   ）。

    A. 会计是适应生产活动发展的需要而产生的

    B. 会计是生产活动发展到一定阶段的产物

    C. 会计从产生、发展到现在经历了一个漫长的发展历史

    D. 近代会计史将复式簿记著作的出版和会计职业的出现视为两个里程碑

10. 下列选项中，属于会计反映职能一般特征的有（   ）。

    A. 具有客观性   B. 以货币为主要计量单位

    C. 具有连续性、系统性、全面性   D. 体现在记账、算账、报账三个阶段上

11. 下列选项中，属于会计监督职能显著特征的有（   ）。

    A. 谨慎性和及时性   B. 强制性和严肃性

    C. 连续性和具体性   D. 完整性和连续性

12. 会计各方面的作用综合起来说，包括（   ）。

    A. 为投资者提供财务报告

    B. 保证企业投入资产的安全和完整

    C. 为国家进行宏观调控、制定经济政策提供信息

    D. 加强经济核算，为企业经营管理提供数据

13. 下列各项有关会计属性的说法中，正确的有（   ）。

    A. 会计具有技术性和社会性双重属性

    B. 会计的技术性体现了同生产力相联系的自然属性

    C. 会计的社会性体现了同生产关系相联系的社会属性

    D. 会计的技术性集中表现在某些方法反映了生产力的技术与组织的要求

14. 下列有关会计基本职能的关系的说法中，正确的有（   ）。

    A. 核算职能是监督职能的基础

    B. 监督职能是核算职能的保证

    C. 没有核算职能提供可靠的信息，监督职能就没有客观依据

    D. 没有监督职能进行控制，也不可能提供真实、可靠的会计信息

15. 会计主体可以是（   ）。

    A. 一个营利性组织   B. "法人"资格的实体

    C. 不具备"法人"资格的实体   D. 不进行独立核算的企业

16. 下列各项中,属于会计确认与计量方面原则的有(　　　)。

    A. 配比原则
    B. 历史成本计价原则

    C. 可比性原则
    D. 权责发生制原则

17. 会计主体前提条件解决并确定了(　　　)。

    A. 会计核算的空间范围
    B. 会计核算的时间范围

    C. 会计核算的计量问题
    D. 会计为谁记账的问题

18. 下列各项中,属于保证会计信息质量要求原则的有(　　　)。

    A. 可靠性原则
    B. 可比性原则
    C. 可理解性原则
    D. 谨慎性原则

19. 按照收付实现制原则的要求,下列收入和费用应计入本期的有(　　　)。

    A. 本期提供劳务已收款
    B. 本期提供劳务未收款

    C. 本期欠付的费用
    D. 本期预付后期的费用

20. 根据谨慎性原则的要求,对企业可能发生的损失和费用做出合理预计,通常的做法有(　　　)。

    A. 对应收账款计提坏账准备

    B. 固定资产加速折旧

    C. 对财产物资按历史成本计价

    D. 存货计价采用成本与可变现净值孰低法

21. 下列方法中,属于会计核算方法的有(　　　)。

    A. 填制会计凭证
    B. 登记会计账簿
    C. 编制会计报表
    D. 编制财务预算

22. 我国《企业会计准则》规定,会计期间分为(　　　)。

    A. 年度
    B. 半年度
    C. 季度
    D. 月度

23. 在下列组织中,可以作为会计主体的是(　　　)。

    A. 事业单位
    B. 分公司
    C. 生产车间
    D. 销售部门

24. 会计的职能包括(　　　)。

    A. 评价经营业绩
    B. 实施会计监督
    C. 预测经济前景
    D. 参与经济决策

25. 会计是(　　　)。

    A. 经济管理活动
    B. 以凭证为依据

    C. 以货币为主要计量单位
    D. 针对一定主体的经济活动

26. 下列各项中,属于会计核算的一般原则的是(　　　)。

    A. 及时性原则
    B. 权责发生制原则

    C. 配比原则
    D. 历史成本原则

27. 会计有为企业外部各有关方面提供信息的作用,主要是指(　　　)。

    A. 为政府提供信息
    B. 为投资者提供信息

    C. 为债权人提供信息
    D. 为社会公众提供信息

四、判断题

1. 会计在产生的初期,只是作为"生产职能的附带部分",之后随着剩余产品的不断减少,会计逐渐从生产职能中分离出来,成为独立的职能。(　　　)

2. 会计的职能构建了会计的信息系统和会计的核算系统。(　　　)

3. 会计可以反映过去已经发生的经济活动,也可以反映未来可能发生的经济活动。 （　　）

4. 会计反映具有连续性,而会计监督只具有强制性。 （　　）

5. 会计的反映职能具体体现在记账、算账、报账三个阶段。 （　　）

6. 狭义的会计方法是指会计核算方法。 （　　）

7. 会计学科体系中包括理论会计学和应用会计学两大部分。 （　　）

8. 会计主体是指企业法人。 （　　）

9. 会计计量单位只有一种,即货币计量。 （　　）

10. 我国所有企业的会计核算都必须以人民币作为记账本位币。 （　　）

11. 谨慎性会计信息质量要求即企业不仅要核算可能发生的收入,也要核算可能发生的费用和损失,以对未来的风险进行充分核算。 （　　）

12. 会计核算必须以实际发生的经济业务及证明经济业务发生的合法性凭证为依据,表明会计核算应当遵循可靠性原则。 （　　）

13. 企业进入破产清算时,按照可比性会计信息质量要求,仍应坚持原有的会计核算程序与方法。 （　　）

14. 可比性原则是指会计处理方法在不同企业以及同一企业不同会计期间应当一致,不得随意变更。 （　　）

15. 收付实现制和权责发生制的主要区别是确认收入和费用的标准不同。 （　　）

16. 融资租入固定资产因为所有权不属于企业,故不能确认为企业的资产。 （　　）

17. 如果不能确认,也就不需要计量;如果不能计量,确认也就没有意义。 （　　）

18. 会计核算方法主要用来提供经济活动中产生的经济信息,处于会计方法的基础和核心地位,是会计分析方法和会计检查方法的基础。 （　　）

19. 货币计量假设是建立在货币价值不变、币值稳定的基础上的。 （　　）

20. 如果会计人员没有按照会计信息质量要求核算经济业务,就无法为会计信息使用者提供正确的数据,将导致会计信息使用者做出错误判断。 （　　）

21. 遵循历史成本计价原则,物价变动时,除国家另有规定者外,不得调整各项财产物资账面价值。 （　　）

22. 会计的最基本功能是会计监督。 （　　）

23. 会计核算的三项工作指记账、对账、报账。 （　　）

24. 签订经济合同是一项经济活动,因此属于会计对象。 （　　）

25. 会计主体必须是法律主体。 （　　）

26. 没有会计主体,就不会有持续经营;没有持续经营,就不会有会计分期;没有货币计量,就不会有现代会计。 （　　）

27. 凡是特定对象中能够以货币表现的经济活动,都是会计对象。 （　　）

28. 会计核算所提供的各种信息是会计监督的依据。 （　　）

29. 我国《企业会计准则》规定,企业的会计核算应当以权责发生制为基础。 （　　）

30. 会计核算的可比性原则是指企业在进行会计核算时,收入与其成本、费用应当相互可比,同一会计期间内的各项收入和其相关的成本、费用,应当在该会计期间内确认。

（　　）

五、案例分析题

1. 小江、小湖、小海三位朋友于 2019 年 1 月 1 日开设了一个大学培训班。由于没有培训资格,该培训班挂靠在具有法人资格和培训资格的东方培训学校名下。三人均没有太多的会计专业知识,认为本培训班没有法人资格,不需要按照正规的会计主体记账,因此只对培训班的部分经济业务进行了记录。小湖对以下经济业务的处理存在疑问:

(1) 小江把自己的私人电脑记到该培训班名下;

(2) 小海在报销时将个人的花费计入培训班的费用项下;

(3) 聘请的外教要求以美元支付工资,因此采用人民币和美元混合记账;

(4) 每年的 6 月和 12 月考试结束后,由于寒暑假不开设培训班,因此每年的 1 月、2 月、7 月、8 月不记账;

(5) 由于业务简单,每年只出一次财务报表;

(6) 由于经营不善,三人打算 2019 年 3 月停办该培训班,因此改用财产清算会计记账,但是由于还有一批学生没有培训完,因此直到 6 月底才正式停业。

要求:请用会计相关知识指出上述资料中存在哪些不合理的地方,并解答小湖的疑问。

2. 某会计师事务所是由小张和小安合伙创建的,最近发生了下列经济业务,并由会计进行了相应的处理:

(1) 2 月 12 日,小张从该会计师事务所出纳处拿了 480 元现金给自己的孩子购买玩具,会计将其记为事务所的办公费支出,理由是小张是该会计师事务所的合伙人,事务所的钱也有小张的一部分。

(2) 2 月 15 日,会计将 2 月 1 日至 15 日的收入、费用汇总后计算出半个月的利润,并编制了财务报表。

(3) 2 月 20 日,事务所收到某外资企业支付的业务咨询费 3 000 美元,会计没有将其折算为人民币反映,而直接记到美元账户中。

(4) 2 月 28 日,计提固定资产折旧,采用年数总和法,而本月前计提折旧均采用直线法。

(5) 2 月 28 日,事务所购买了一台电脑,价值 10 000 元,为了少计利润,少缴税,将 10 000 元一次性全部记入当期管理费用。

(6) 2 月 28 日,收到远东公司的预付审计费用 5 000 元,会计将其作为 6 月份的收入处理。

(7) 2 月 28 日,在事务所编制的对外报表中显示"应收账款"50 000 元,但没有"坏账准备"项目。

(8) 2 月 28 日,预付下季度报刊费 600 元,会计将其作为 2 月份的管理费用来处理。

要求:根据上述资料,请分析该会计师事务所的会计对这些经济业务的处理是否正确。若有错误,请指出主要是违背了哪项会计假设或会计原则。

第三章　会计要素与会计等式

一、单选题

1. 根据交易或者事项的经济特征所确定的会计对象的基本分类是( )。
   A. 会计要素　　　B. 会计内容　　　C. 会计科目　　　D. 会计账户

2. 利润是指企业在一定会计期间的经营成果,不包括( )。
   A. 费用　　　B. 当期利得　　　C. 股本　　　D. 收入

3. 下列各项中,符合会计要素收入定义的是( )。
   A. 销售商品收到的增值税　　　B. 出售固定资产的净收益
   C. 出售材料的收入　　　D. 出售无形资产的净收益

4. 下列各项中,不属于期间费用的是( )。
   A. 管理费用　　　B. 销售费用　　　C. 制造费用　　　D. 财务费用

5. 收入、费用和利润会计要素是( )。
   A. 反应经营成果的会计要素　　　B. 资金形成的来源
   C. 资金运动的静态表现　　　D. 资金的存在形态

6. 资产通常按流动性分为( )。
   A. 有形资产与无形资产　　　B. 货币资产与非货币资产
   C. 流动资产与非流动资产　　　D. 本企业资产与租入的资产

7. 下列各项目中,属于负债的是( )。
   A. 预收账款　　　B. 库存现金　　　C. 存货　　　D. 股本

8. 下列会计等式中,不正确的是( )。
   A. 资产＝负债＋所有者权益　　　B. 负债＝资产－所有者权益
   C. 资产－负债＝所有者权益　　　D. 资产＋负债＝所有者权益

9. 以下被称为基本会计等式的是( )。
   A. 收入－费用＝利润　　　B. 资产＝负债＋所有者权益
   C. 资产＝负债－所有者权益　　　D. 收入＋费用＝利润

10. 企业在期末有资产 830 万元,负债 370 万元,则期末的所有者权益总额为( )万元。
    A. 1 200　　　B. 30　　　C. 460　　　D. 370

11. 企业在期末有资产 940 万元,流动负债 160 万元,非流动负债 110 万元,则期末的权益总额为( )万元。
    A. 680　　　B. 940　　　C. 260　　　D. 1 200

12. 一项资产增加,不可能引起的是( )。
    A. 另一项资产的减少　　　B. 一项负债的减少
    C. 一项负债的增加　　　D. 一项所有者权益的增加

13. 企业以银行存款偿还债务,表现的是( )。

    A. 一项负债增加,另一项负债减少   B. 一项资产减少,一项负债增加

    C. 一项资产增加,另一项资产减少   D. 一项资产减少,一项负债减少

14. 甲企业收回应收账款 500 万元并存入银行,这一业务引起的会计要素变动是( )。

    A. 资产减少,负债增加   B. 资产总额不变

    C. 资产增加,负债减少   D. 资产增加,负债增加

15. 下列经济活动中,引起资产和负债同时减少的是( )。

    A. 以银行存款偿付前欠货款   B. 购买材料货款尚未支付

    C. 收回应收账款   D. 接受其他单位捐赠新设备

16. 下列经济业务的发生不会使会计等式两边总额发生变化的有( )。

    A. 用银行存款支付前欠购料款   B. 从银行提取现金

    C. 向银行取得借款存入银行   D. 收到预收账款存入银行

17. 以下会计计量属性中,又称为实际成本的是( )。

    A. 可变现净值   B. 历史成本   C. 公允价值   D. 重置成本

二、多选题

1. 下列各项中,属于非流动资产的有( )。

    A. 长期股权投资   B. 无形资产   C. 投资性房地产   D. 固定资产

2. 下列各项中,属于非流动负债的有( )。

    A. 应付账款   B. 长期应付款   C. 应付债券   D. 应付股利

3. 下列不可以确认为收入的是( )。

    A. 咨询公司取得的咨询费收入   B. 罚款收入

    C. 工业企业转让专利收入   D. 商场的商品销售收入

4. 收入是指企业在日常活动中形成的,下列各项活动中,属于取得收入的有( )。

    A. 销售产品   B. 让渡资产使用权

    C. 提供劳务   D. 接受投资者投入的股票

5. 下列各项中,属于负债特征的有( )。

    A. 负债的清偿会导致企业经济利益的流出

    B. 企业承担的现时义务

    C. 由过去的交易或事项引起的

    D. 未来流出的经济利益的金额能够可靠地计量

6. 资产应具备的基本特征有( )。

    A. 资产由企业过去的交易或事项形成   B. 必须是投资者投入的

    C. 资产由企业拥有或控制的   D. 资产预期会给企业带来经济利益

7. 反映企业财务状况的会计要素有( )。

    A. 所有者权益   B. 收入   C. 费用   D. 资产

8. 下列各项中,属于流动资产的有( )。

    A. 原材料   B. 预付账款   C. 应收账款   D. 库存现金

9. 下列项目中,属于非流动负债的有( )。

    A. 应付债券   B. 专项应付款   C. 长期借款   D. 长期应付款

10. 会引起会计等式左、右两边会计要素变动的经济业务是( )。

    A. 收到某单位前欠货款 20 000 元存入银行

    B. 以银行存款偿还银行借款

    C. 收到某单位投资机器一台,价值 800 000 元

    D. 购买材料 8 000 元以存款支付货款

11. 以下属于所有者权益的有( )。

    A. 实收资本   B. 未分配利润   C. 盈余公积   D. 资本公积

12. 企业经济业务发生后引起资产和负债及所有者权益各个项目的增减变动,包括的类型有( )。

    A. 经济业务的发生,引起资产项目和负债或所有者权益项目同时增加,双方增加的金额相等

    B. 经济业务的发生,引起负债及所有者权益项目同时增加,增加的金额相等

    C. 经济业务的发生,引起资产项目和负债或所有者权益项目同时减少,双方减少的金额相等

    D. 经济业务的发生,引起负债及所有者权益项目同时减少,减少的金额相等

13. 下列各项中,属于会计等式的有( )。

    A. 收入－费用＝利润

    B. 期初余额＋本期增加额－本期减少额＝期末余额

    C. 借方发生额＝贷方发生额

    D. 资产＝负债＋所有者权益

14. 下列属于利润的组成项目的有( )。

    A. 资本公积   B. 费用   C. 收入   D. 利得

15. 作为会计要素的收入,包括( )。

    A. 提供劳务收入   B. 营业外收入

    C. 主营业务收入   D. 其他业务收入

16. 下列各项业务中,不影响资产总额的有( )。

    A. 用银行存款购入原材料   B. 从银行提取现金

    C. 用银行存款购入 A 公司股票   D. 用银行存款预付材料定金

17. "资产＝负债＋所有者权益"会计等式是( )。

    A. 设置账户的理论依据   B. 复式记账的理论依据

    C. 反映企业资产归属关系的等式   D. 编制资产负债表的理论依据

18. 通常反映资产或者负债的现时成本或者现时价值的计量属性有( )。

    A. 可变现净值   B. 公允价值   C. 重置成本   D. 现值

三、判断题

1. 资产按流动性分为流动资产和固定资产。   ( )

2. "资产＝负债＋所有者权益"这一会计等式被称为静态会计等式。   ( )

3. 企业的资产最初来源于向债权人借入和所有者投入两个方面。 （   ）

4. 应付账款和预付账款都属于负债类科目。 （   ）

5. 费用不一定会导致所有者权益的减少。 （   ）

6. 资产按照购置时支付的现金或现金等价物的金额进行计量称为历史成本计量。

（   ）

7. 现值是指对未来现金流量以恰当的折现率进行折现后的价值，是考虑货币时间价值的一种计量属性。 （   ）

8. 利润包括收入减去费用后的净额、直接计入当期损益的利得或损失等。 （   ）

9. "资产＝负债＋所有者权益"这一会计等式是编制资产负债表的理论依据。

（   ）

10. 会计要素是对会计对象的基本分类。 （   ）

11. 企业的投资者既享有企业的经营效益，也承担企业的经营风险。 （   ）

12. 企业接受投资者投入实物资产，能引起资产和所有者权益同时增加。 （   ）

13. 资产与所有者权益始终是相等的。 （   ）

14. 会计等式表明，有一定数额的资产，就必然有一定数额的权益。 （   ）

15. 销售费用是指企业为组织和管理企业生产经营所发生的各种费用。 （   ）

16. 负债是企业过去的交易或事项所引起的潜在义务。 （   ）

17. 资产按流动性分为无形资产和有形资产。 （   ）

18. 某一财产物资要成为企业的资产，其所有权必须属于企业。 （   ）

19. 所有者权益是指投资人对企业全部资产的所有权。 （   ）

20. 收入是企业在销售商品、提供劳务及让渡资产使用权等全部活动中所形成的经济利益的总流入。 （   ）

四、会计实务题

1. 某企业 2019 年 5 月 31 日有关资产、负债、所有者权益的资料如下：

（1）库存现金		20 000 元
（2）银行存款		278 000 元
（3）生产用厂房		190 000 元
（4）库存产成品		300 000 元
（5）仓库		120 000 元
（6）库存材料		190 000 元
（7）货运汽车一辆		60 000 元
（8）应收回的货款		50 000 元
（9）国家投入的资金		720 000 元
（10）应付购料款		64 000 元
（11）尚未缴纳的税金		28 000 元
（12）未分配利润		210 000 元
（13）银行借款		186 000 元

要求： 根据上述资料，划分资产、负债和所有者权益项目，并汇总各类金额，检验其平

衡关系。

2. 某企业发生以下经济业务:

(1) 用银行存款购买材料;

(2) 用银行存款支付前欠 A 单位货款;

(3) 向银行借入长期借款,存入银行;

(4) 收到所有者投入的设备;

(5) 从国外进口设备,款未付;

(6) 用银行存款归还长期借款;

(7) 用应付票据归还前欠 B 单位货款;

(8) 将盈余公积金转作资本。

要求:分析上述各项经济业务的类型,并填入下表。

经济业务的类型

序　号	经济业务引起会计要素增减变动的结果	经济业务的类型
(1)		
(2)		
(3)		
(4)		
(5)		
(6)		
(7)		
(8)		

3. 大华工厂 2018 年 12 月 31 日的资产负债表如下:

大华工厂 2018 年 12 月 31 日的资产负债表　　　　　　　　　　　　　元

资　产	金　额	负债及所有者权益	金　额
库存现金	600	负　债	
银行存款	46 000	短期借款	17 500
应收账款	9 000	应付账款	6 000
其他应收款	1 400	应交税费	7 000

续 表

资 产	金 额	负债及所有者权益	金 额
周转材料	20 500	小 计	30 500
生产成本	75 000	所有者权益	
原材料	75 000	实收资本	420 000
库存商品	39 000	盈余公积	26 000
固定资产	210 000	小 计	446 000
总 计	476 500	总 计	476 500

2019年1月发生以下经济业务：

(1) 接受外单位投入资金80 000元，存入银行。

(2) 从银行提取现金500元备用。

(3) 向银行借入短期借款，用于偿还前欠某单位购货款5 000元。

(4) 用银行存款2 000元支付应交的税费。

要求：

(1) 分析2019年1月该工厂发生的经济业务涉及哪些资产和权益项目的增减变化及其对资产总额的影响，并指出变化的类型；

(2) 根据分析的结果编制该工厂2019年1月31日的资产负债表。

第四章 会计账户与复式记账

一、单选题

1. 下列有关会计科目的概念的表述中,正确的是(   )。

    A. 会计科目是对经济业务的具体内容进行分类核算的项目

    B. 会计科目是对会计主体的具体内容进行分类核算的项目

    C. 会计科目是对会计对象的具体内容进行分类核算的项目

    D. 会计科目是对会计要素的具体内容进行分类核算的项目

2. 下列有关会计科目的表述中,错误的是(   )。

    A. 会计科目按其提供信息的详细程度及其统驭关系,可以分为总分类账和明细分类账

    B. 企业在任何情况下都不能对明细分类科目再进一步分级设置二级科目或三级科目

    C. 总分类账目是对会计要素的具体内容进行总括分类,提供总括核算信息的会计科目

    D. 明细分类科目是对总分类科目做进一步分类,提供更详细具体会计信息的科目

3. 会计科目是(   )的名称。

    A. 会计账户　　　　B. 会计等式　　　　C. 会计对象　　　　D. 会计要素

4. 不属于损益类会计科目的是(   )。

    A. 投资收益　　　　B. 管理费用　　　　C. 主营业务成本　　D. 生产成本

5. 下列科目中,不属于明细科目的是(   )。

    A. 应交税费——应交增值税(销项税额)

    B. 应交税费——应交增值税

    C. 应交税费

    D. 应交税费——应交增值税(进项税额)

6. 下列各项表述中,错误的是(   )。

    A. 总分类账户可以提供总括的核算资料和指标,是对其所属明细分类账户资料的综合

    B. 在总分类账户中,既可使用货币计量单位,也可使用实物计量单位

    C. 总分类账户又称总账账户或一级账户

    D. 总分类账户以下统称为明细分类账户

7. 下列各项中,不属于会计分录必备要素的是(   )。

    A. 会计科目　　　　B. 记账日期　　　　C. 记账符号　　　　D. 金额

8. 账户设置的依据是(   )。

　　A. 会计主体　　　　B. 会计对象　　　　C. 会计要素　　　　D. 会计科目

9. 根据会计科目设置的,具有一定格式和结构,用于分类反映会计要素增减变动情况及其结果的载体是( )。

　　A. 记账凭证　　　　B. 账户　　　　　　C. 账簿　　　　　　D. 财务报表

10. 下列有关账户结构的表述中,错误的是( )。

　　A. 账户的"余额"仅表现为期末余额

　　B. 账户"本期发生额"反映会计要素的增减变动

　　C. 账户"期末余额"反映会计要素在会计期末的增减变动结果

　　D. 账户"本期发生额"包括"本期增加发生额"和"本期减少发生额"

11. 下列关于账户结构的表述中,不正确的是( )。

　　A. T 型账户分为增加金额栏、减少金额栏、余额栏三个部分

　　B. 简易结构的账户又称为 T 型账户

　　C. T 型账户分为左、右两边,一边计入增加额,一边计入减少额

　　D. 借贷记账法下,T 型账户的左边称为借方,右边称为贷方

12. 对于每一个账户来说,期末余额( )。

　　A. 只能在借方　　　　　　　　　　B. 只能在账户的一方

　　C. 只能在贷方　　　　　　　　　　D. 可能在借方或贷方

13. 单式记账法对每项经济业务都只在( )账户中进行登记。

　　A. 一个　　　　　　　　　　　　　B. 两个或两个以上

　　C. 两个　　　　　　　　　　　　　D. 有关

14. 复式记账法对每项经济业务都以相等的金额在( )账户中进行登记。

　　A. 一个　　　　　　　　　　　　　B. 两个或两个以上

　　C. 两个　　　　　　　　　　　　　D. 有关

15. 下列选项中,不属于复式记账法的是( )。

　　A. 借贷记账法　　　B. 收付记账法　　　C. 增减记账法　　　D. 正负记账法

16. 在借贷记账法下,账户的哪一方记录增加、哪一方记录减少是由( )决定的。

　　A. 账户的性质　　　B. 记账规则　　　　C. 账户的结构　　　D. 业务的性质

17. 在借贷记账法下,下列关于成本类账户结构的表述中,错误的是( )。

　　A. 期末余额一定在借方　　　　　　B. 借方登记增加额

　　C. 贷方登记减少额　　　　　　　　D. 有些账户可能没有余额

18. 在借贷记账法下,下列关于成本类账户结构的表述中,正确的是( )。

　　A. 借方登记减少额　　　　　　　　B. 有些账户可能没有余额

　　C. 期末余额一般在贷方　　　　　　D. 贷方登记增加额

19. 资产类账户的借方登记( )。

　　A. 资产的增加　　　B. 资产的减少　　　C. 费用的转销　　　D. 收入的减少

20. 负债类账户的借方登记( )。

　　A. 收入的增加　　　B. 负债的增加　　　C. 费用的增加　　　D. 负债的减少

21. 资产类账户的贷方登记( )。

A. 收入的减少   B. 资产的减少   C. 资产的增加   D. 收入的增加

22. 负债类账户的贷方登记( )。

     A. 费用的增加   B. 费用的转销   C. 负债的增加   D. 负债的减少

23. 资产类账户的期末余额一般应在( )。

     A. 账户的借方   B. 账户的贷方

     C. 有时在借方,有时在贷方   D. 以上答案都对

24. 权益类账户的期末余额( )。

     A. 应在借方   B. 应与权益账户增加额同方向

     C. 可能在借方,可能在贷方   D. 以上答案都对

25. 下列关于费用类账户的说法中,正确的是( )。

     A. 借方登记转销数   B. 贷方登记费用的发生额

     C. 一般期末无余额   D. 期末一般有余额

26. 下列选项中,与"应付职工薪酬"账户结构不同的是( )。

     A. 应付利息   B. 应付账款   C. 预付账款   D. 预收账款

27. 按照借贷记账法,下列账户中,账户的借方登记增加额的是( )。

     A. 实收资本   B. 应付职工薪酬   C. 主营业务收入   D. 所得税费用

28. 负债类账户期末余额的计算公式是( )。

     A. 期末余额=期初借方余额+本期借方发生额-本期贷方发生额

     B. 期末余额=期初贷方余额+本期贷方发生额-本期借方发生额

     C. 期末余额=期初借方余额+本期借方发生额

     D. 期末余额=期初贷方余额+本期贷方发生额

29. 已知"交易性金融资产"账户期初余额为 13 100 元,本期借方发生额为 2 000 元,期末余额为 10 000 元,则该账户的本期贷方发生额为( )元。

     A. 11 000   B. 25 100   C. 21 100   D. 5 100

30. 下列各项中,属于"实收资本"账户的期末余额计算公式的是( )。

     A. 期末余额-期初余额-本期借方发生额=本期贷方发生额

     B. 期末余额=期初余额-本期借方发生额+本期贷方发生额

     C. 期末余额=期初余额-本期借方发生额-本期贷方发生额

     D. 期末余额=期初余额+本期借方发生额-本期贷方发生额

31. 在借贷记账法下,下列关于负债类账户结构的表述中,正确的是( )。

     A. 借方登记增加额   B. 贷方登记减少额

     C. 期末余额一般在借方   D. 期末余额一般在贷方

32. 下列选项中,会导致试算不平衡的因素是( )。

     A. 重记某项经济业务   B. 借、贷科目用错

     C. 借方多记金额   D. 漏记某项经济业务

33. 下列选项中,可以通过试算平衡法检查错误的是( )。

     A. 借、贷科目用错   B. 重记某项经济业务

     C. 漏记某项经济业务   D. 借方多记金额

34. 收到某企业投入的银行存款,应贷记的是( )账户。

    A. 库存现金   B. 实收资本   C. 银行存款   D. 资本公积

35. 下列经济业务中,既能引起负债减少,同时又能引起所有者权益增加的是( )。

    A. 将应付账款转为资本   B. 以银行存款偿还前欠贷款

    C. 以赊购方式购入材料   D. 宣告发现金股利

36. 将资本公积转增资本的经济业务使会计要素发生( )变化。

    A. 资本和所有者权益同时增加   B. 资产和负债同时增加

    C. 所有者权益一增一减   D. 负债增加,所有者权益减少

二、多选题

1. 下列会计科目中,属于资产类的有( )。

    A. 应收账款   B. 预收账款   C. 预付账款   D. 应付账款

2. 下列会计科目中,属于流动资产类的有( )。

    A. 无形资产   B. 原材料   C. 应收账款   D. 长期待摊费用

3. 会计账户的基本结构一般应包括( )。

    A. 账户的名称   B. 账户的记账方向

    C. 账户的余额   D. 账户的使用年限

4. 下列表述中,正确的是( )。

    A. 会计科目是账户的名称

    B. 会计科目与账户是同一个概念

    C. 会计科目无结构,账户有结构

    D. 会计科目与账户反映的经济内容相同

5. 下列有关账户概念的表述中,正确的有( )。

    A. 账户是用于分类反映会计要素增减变动情况及其结果的载体

    B. 账户是根据会计科目设置的

    C. 账户不具有一定的格式和结构

    D. 账户具有一定的格式和结构

6. 一个完整账户的构成项目有( )。

    A. 摘要   B. 账户名称   C. 凭证字号   D. 金额

7. 关于账户与会计科目的联系和区别的表述中,正确的有( )。

    A. 账户的作用是为了开设会计科目,会计科目的作用则是提供会计资料

    B. 会计科目是账户的名称,账户是会计科目的具体运用

    C. 会计科目不存在结构,账户则具有一定的格式和结构

    D. 会计科目与账户两者口径一致,性质相同

8. 对"短期借款"账户可以用来进行明细分类核算的是( )。

    A. 币种   B. 借款的时间   C. 贷款人   D. 借款种类

9. 下列等式中,正确的有( )。

    A. 本期减少发生额＝期初余额＋本期增加发生额－期末余额

    B. 期末余额＝期初余额＋本期增加发生额－本期减少发生额

    C. 期初余额＝期末余额＋本期减少发生额－本期增加发生额

    D. 本期增加发生额＝期末余额＋本期减少发生额－期初余额

10. 下列属于复式记账法的有( )。

    A. 正负记账法   B. 收付记账法   C. 增减记账法   D. 借贷记账法

11. 复式记账法与单式记账法相比,具有的显著优点有( )。

    A. 能够全面反映经济业务的内容

    B. 能够进行试算平衡,便于查账和对账

    C. 能够反映资金运动的来龙去脉

    D. 记账手续简单

12. 下列关于借贷记账法的表述中,正确的有( )。

    A. 借贷记账法遵循"有借必有贷,借贷必相等"的记账规则

    B. 借贷记账法是一种复式记账方法

    C. 借贷记账法下,"借"表示增加,"贷"表示减少

    D. 借贷记账法以"借"和"贷"作为记账符号

13. 账户的左、右两方,哪一方登记增加数,哪一方登记减少数,取决于( )。

    A. 账户的类别   B. 账户的级别

    C. 记账方法   D. 所记录经济业务的内容

14. 在借贷记账法下,账户的借方登记( )。

    A. 资产的增加   B. 成本费用的增加

    C. 收入的减少   D. 所有者权益的增加

15. 在借贷记账法下,账户的借方登记( )。

    A. 收入的结转   B. 负债的减少

    C. 资产的减少   D. 所有者权益的减少

16. 在借贷记账法下,账户的贷方登记( )。

    A. 资产的减少   B. 收入的减少

    C. 成本费用的减少   D. 权益的减少

17. 期末余额在账户贷方的有( )。

    A. 资产类账户   B. 负债类账户

    C. 所有者权益类账户   D. 成本费用类账户

18. 在借贷记账法下,借方登记本期减少的账户有( )。

    A. 资产类账户   B. 负债类账户

    C. 收入类账户   D. 所有者权益类账户

19. 在借贷记账法下,下列关于"生产成本"账户结构的表述中,错误的有( )。

    A. 贷方登记增加额   B. 期末余额一般在贷方

    C. 借方登记减少额   D. 可能没有期末余额

20. 在借贷记账法下,下列关于负债类账户结构的表述中,正确的有( )。

    A. 贷方登记增加额

  B. 期末贷方余额＝期初贷方余额＋本期贷方发生额－本期借方发生额

  C. 借方登记减少额

  D. 期末余额一般在贷方

21. 在借贷记账法下,下列关于所有者权益类账户结构的表述中,错误的有(　　)。

  A. 借方登记增加额

  B. 贷方登记减少额

  C. 期末借方余额＝期初借方余额＋本期借方发生额－本期贷方发生额

  D. 期末余额一般在借方

22. 在借贷记账法下,下列关于费用类账户结构的表述中,正确的有(　　)。

  A. 借方登记增加额　　　　　　　　　B. 期末结转后一般无余额

  C. 贷方登记减少额　　　　　　　　　D. 期末余额一般在贷方

23. 下列选项中,不会影响试算平衡的有(　　)。

  A. 重记某项经济业务　　　　　　　　B. 漏记某项经济业务

  C. 借方和贷方都多记相同金额　　　　D. 借、贷方科目用错

24. 下列选项中,属于借贷记账法下试算平衡方法的有(　　)。

  A. 余额试算平衡法　　　　　　　　　B. 发生额试算平衡法

  C. 增加试算平衡法　　　　　　　　　D. 减少试算平衡法

25. 下列各项关于试算平衡等式的表述中,正确的有(　　)。

  A. 全部账户本期借方发生额合计＝全部账户本期贷方发生额合计

  B. 全部账户借方期末余额合计＝全部账户贷方期末余额合计

  C. 全部账户借方期初余额合计＝全部账户贷方期初余额合计

  D. 全部账户借方期初余额合计＝全部账户贷方期末余额合计

26. 下列各项错误可以通过试算平衡发现的有(　　)。

  A. 漏记一项经济业务　　　　　　　　B. 借方发生额大于贷方发生额

  C. 应借、应贷科目颠倒　　　　　　　D. 借方余额小于贷方余额

27. 下列各项中,会导致资产总额增加的有(　　)。

  A. 收回某公司前欠货款　　　　　　　B. 将现金送存银行

  C. 向银行借入短期借款　　　　　　　D. 接受投资者投入设备

28. 会计分录的构成要素有(　　)。

  A. 金额　　　　　B. 应贷方向　　　　　C. 应借方向　　　　　D. 账户名称

29. 下列各项中,编制会计分录时必须考虑的有(　　)。

  A. 记入科目的借方还是贷方

  B. 登记哪些账户

  C. 经济业务发生导致会计要素的变动是增加还是减少

  D. 账户的余额在借方还是贷方

30. 运用借贷记账法编制会计分录时,可以编制的会计分录有(　　)。

  A. 多借多贷的分录　　　　　　　　　B. 多借一贷的分录

  C. 一借多贷的分录　　　　　　　　　D. 一借一贷的分录

31. 下列选项中,属于复合会计分录的有( )。

    A. 一借多贷的分录   B. 多借多贷的分录

    C. 多借一贷的分录   D. 一借一贷的分录

三、判断题

1. 企业在不违反国家统一会计制度的前提下,可以根据实际情况自行增设、减少或合并某些会计科目。   ( )

2. 借贷记账法中的"借""贷"分别表示债权和债务。   ( )

3. 只要实现了期初余额、本期发生额和期末余额的平衡关系,就说明账户记录正确。   ( )

4. 借贷记账法下,账户的借方记录资产的增加或权益的减少,贷方记录资产的减少或权益的增加。   ( )

5. 收入类账户期末一般无余额。   ( )

6. "预收账款"账户属于资产类账户,"预付账款"账户属于负债类账户。   ( )

7. "投资收益"账户属于损益类账户。   ( )

8. 复试记账法是以资产和权益之间的平衡关系作为记账基础的,对于企业发生的每一项经济业务都要在两个相互关联的账户中登记。   ( )

9. 企业接受投资者投入实物资产,表示资产和负债同时增加。   ( )

四、会计实务题

1. 练习会计科目的分类。

将下列会计科目与其所属的会计要素用直线连接起来。

会计科目与会计要素

会计科目	会计要素
短期借款	资产
盈余公积	
应交税费	负债
其他应收款	
应收账款	所有者权益

2. 练习资产与权益的平衡关系。

某企业 2019 年 5 月 31 日有关资产与权益的资料如下表:

某企业 2019 年 5 月 31 日有关资产与权益的资料   元

序 号	项 目	金 额
(1)	出纳员保管的现金	1 000
(2)	存在银行的款项	100 000
(3)	库存的工具	5 000

序　号	项　目	金　额
（4）	库存原材料	40 000
（5）	库存燃料	10 000
（6）	正在加工中的产品	20 000
（7）	库存完工产品	30 000
（8）	暂借给职工的差旅费	2 000
（9）	暂付给供应单位的包装物押金	2 000
（10）	应收购货单位的销货款	40 000
（11）	房屋建筑物	100 000
（12）	工作的机器设备	100 000
（13）	运输汽车	150 000
（14）	投资人投入资本	450 000
（15）	经营过程中形成的盈余公积金	40 000
（16）	向银行借入的短期借款	50 000
（17）	应付供应单位的购料款	30 000
（18）	暂收购货单位的包装物押金	4 000
（19）	应付的罚金	6 000
（20）	应缴未缴的税金	20 000

要求：根据以上资料，按照资产、负债和所有者权益项目分别进行汇总，并列出其平衡关系。

3. 练习经济业务的发生对会计等式的影响。

某企业 2019 年 5 月 1 日的资产项目合计为 600 000 元，负债项目合计为 110 000 元，所有者权益项目合计为 490 000 元。该企业 2019 年 5 月份发生以下经济业务：

（1）收回货款 10 000 元，款项存入银行。

（2）购入材料一批已验收入库，金额 5 000 元，材料款暂欠。

（3）购入材料一批已验收入库，金额 3 000 元，款项以银行存款支付。

（4）国家投入设备一台，价值 50 000 元。

（5）从银行借入短期借款 30 000 元，存入银行。

（6）收到购货单位归还前欠货款 20 000 元，存入银行。

（7）以现金 1 000 元，预支采购员张斌出差的差旅费。

（8）以银行存款 20 000 元偿还短期借款。

（9）接受捐赠设备一台，价值 20 000 元。

(10) 从银行取得借款 50 000 元,直接偿还前欠购料款。

(11) 以银行存款 20 000 元缴纳应交税金。

(12) 以银行存款 10 000 元偿还前欠购料款。

(13) 从银行提取现金 2 000 元。

(14) 将盈余公积 10 000 元转增资本。

要求:

(1) 逐项分析上述经济业务发生后对资产、负债和所有者权益三个会计要素增减变动的影响,并判断资产总额和权益总额之间的平衡关系是否被破坏。

(2) 计算 5 月末资产、负债和所有者权益三个会计要素的总额,并列出会计等式。

4. 练习用借贷记账法编制会计分录和登记账簿。

某企业 2019 年 5 月 1 日有关账户的余额如下:

某企业 2019 年 5 月 1 日有关账户的余额

资 产		权 益	
账户名称	金 额	账户名称	金 额
库存现金	1 000	短期借款	20 000
银行存款	20 000	应付账款	6 000
应收账款	5 000	其他应付款	4 000
其他应收款	2 000	应交税费	2 000
原材料	30 000	实收资本	80 000
生产成本	2 000	资本公积	5 000
库存商品	10 000	盈余公积	3 000
固定资产	50 000		
资产合计	120 000	权益合计	120 000

该企业 2019 年 5 月发生如下经济业务:

(1) 从银行提取现金 2 000 元,以备零用。

(2) 收到投资人投入的资金 50 000 元,存入银行。

(3) 以银行存款 2 000 元,缴纳应交税金。

(4) 购买材料一批,价款 5 000 元,材料已经验收入库,货款未付。

(5) 以银行存款偿还前欠材料款 6 000 元。

(6) 收到购货单位偿付的前欠货款 5 000 元,存入银行。

(7) 从银行取得借款 20 000 元存入银行。

(8) 以银行存款 10 000 元购买设备一台。

(9) 将资本公积 4 000 元转增资本。

(10) 采购员预借差旅费 1 000 元,以现金支付。

(11) 将多余现金 1 000 元存入银行。

要求：

(1) 开设账户，并登记期初余额；

(2) 采用借贷记账法编制会计分录；

(3) 根据所编会计分录登记账户；

(4) 结算每个账户的本期发生额和期末余额；

(5) 根据全部账户的期初余额、本期发生额和期末余额编制试算平衡表，进行试算平衡。

5. 练习通过账户对应关系了解经济业务的内容。

某企业 2019 年 9 月份的部分账户登记如下：

库存现金

借方		贷方	
期初余额	2 000	(5)	1 000
(1)	1 000		

原材料

借方		贷方	
期初余额	10 000		
(2)	5 000		
(7)	1 000		

银行存款

借方		贷方	
期初余额	50 000	(1)	1 000
(6)	8 000	(3)	10 000
		(7)	1 000
		(8)	20 000

固定资产

借方		贷方	
期初余额	30 000		
(3)	10 000		

应收账款

借方		贷方	
期初余额	8 000		
		(6)	8 000

短期借款

借方		贷方	
(8)	20 000	期初余额	40 000
		(4)	10 000

其他应收款

借方		贷方	
期初余额	1 000		
(5)	1 000		

应付账款

借方		贷方	
(4)	10 000	期初余额	5 000
		(2)	5 000

要求： 根据账户的对应关系，用文字叙述以上账户中登记的(1)～(8)项经济业务的内容，并写出相应的会计分录。

第五章 制造企业主要经济业务核算

一、名词解释

1. 生产费用 2. 制造费用 3. 成本项目 4. 期间费用

5. 管理费用 6. 未分配利润 7. 固定资产 8. 营业外支出

9. 营业外收入 10. 财务费用

二、单选题

1. "生产成本"账户的余额表示（　　　）。

    A. 月末尚未完工的在产品成本　　　　B. 本月完工产品的成本

    C. 本月发生的生产成本累计数　　　　D. 本月尚没有销售的产品成本

2. "固定资产"账户的余额表示（　　　）。

    A. 期末固定资产净值　　　　B. 期末固定资产原值

    C. 本期购进的固定资产原值　　　　D. 固定资产本期磨损价值

3. 车间管理人员的工资应计入（　　　）。

    A. 生产成本　　　B. 制造费用　　　C. 管理费用　　　D. 预付账款

4. 企业支付本月的财产保险费，应借记（　　　）账户。

    A. 管理费用　　　B. 预付账款　　　C. 财务费用　　　D. 销售费用

5. 企业确认一笔坏账损失，应贷记（　　　）账户。

    A. 管理费用　　　B. 应收账款　　　C. 坏账准备　　　D. 坏账损失

6. 企业应按（　　　）的10%提取法定盈余公积金。

    A. 利润总额　　　B. 税后利润　　　C. 未分配利润　　　D. 息税前利润

7. 下列账户中，属于资产类的是（　　　）。

    A. "其他应付款"账户　　　　B. "预付账款"账户

    C. "利润分配"账户　　　　D. "管理费用"账户

8. "固定资产"账户的余额减去"累计折旧"账户的余额表示（　　　）。

    A. 固定资产的账面净值　　　　B. 固定资产的可变现净值

    C. 固定资产原值　　　　D. 固定资产重置价值

9. 企业为职工垫付一笔应由职工自己负担的医药费，应借记（　　　）账户。

    A. 应付福利费　　　B. 应收账款　　　C. 其他应收款　　　D. 营业外支出

10. 可以计入产品成本的费用是（　　　）。

    A. 销售费用　　　B. 管理费用　　　C. 财务费用　　　D. 制造费用

11. 企业设立时收到某投资者投入的专利权一项，应贷记（　　　）账户。

    A. 无形资产　　　B. 营业外收入　　　C. 投资收益　　　D. 实收资本

12. 企业从银行借入6个月的银行借款，应贷记（　　　）账户。

    A. 长期借款　　　B. 银行存款　　　C. 短期借款　　　D. 应付账款

13. "固定资产"账户反映企业固定资产的（　　　）。

  A. 净值   B. 残值   C. 原始价值   D. 累计折旧

14. 甲企业为增值税一般纳税人，本期外购原材料一批，买价 10 000 元，增值税为 1 300 元，入库前发生的挑选整理费用为 500 元，该批原材料的入账价值为（　　　）元。

  A. 10 000   B. 11 300   C. 10 500   D. 11 800

15. 企业按合同规定预付给供货单位的款项，应通过（　　　）科目核算。

  A. 预收账款   B. 应收账款   C. 预付账款   D. 应付利息

16. 企业支付的产品广告费，应通过（　　　）科目核算。

  A. 管理费用   B. 销售费用   C. 制造费用   D. 主营业务成本

17. 结转已售产品的成本时，"库存商品"的对应账户为（　　　）账户。

  A. 银行存款   B. 应收账款   C. 主营业务成本   D. 主营业务收入

18. 盈余公积是按（　　　）的一定比例提取的。

  A. 主营业务利润   B. 营业利润   C. 净利润   D. 利润总额

19. 不影响本期营业利润计算的项目是（　　　）。

  A. 主营业务成本   B. 管理费用   C. 主营业务收入   D. 所得税费用

20. 企业按10%提取法定盈余公积，编制会计分录时，其借方科目为（　　　）科目。

  A. 利润分配——未分配利润   B. 利润分配——提取法定盈余公积

  C. 利润分配——应付股利   D. 盈余公积

三、多选题

1. 根据权责发生制，属于本期费用的是（　　　）。

  A. 应付本期职工工资   B. 支付上期水电费

  C. 预付下半年度财产保险费   D. 计提固定资产折旧

2. 下列项目中，属于流动资产的是（　　　）。

  A. 包装物   B. 应收账款   C. 库存商品   D. 预付账款

3. "应收账款"账户核算的内容有（　　　）。

  A. 赊销的收入   B. 销售时代垫的运杂费

  C. 职工临时借款   D. 预付的货款

4. 所有者权益包括（　　　）。

  A. 实收资本   B. 长期投资   C. 盈余公积   D. 资本公积

5. 产品生产成本的构成项目主要有（　　　）。

  A. 直接材料   B. 直接人工   C. 管理费用   D. 制造费用

6. 在"税金及附加"账户借方登记的内容有（　　　）。

  A. 增值税   B. 消费税   C. 城市维护建设税   D. 教育费附加税

7. 下列项目中，应在"管理费用"账户中核算的有（　　　）。

  A. 工会经费   B. 董事会会费

  C. 业务招待费   D. 车间管理人员工资

8. 制造企业的主要经济业务包括（　　　）。

  A. 筹集资金   B. 供应过程

C. 生产过程　　　　　　　　　　　　D. 利润的形成与分配

9. 企业接受投资的形式可以是(　　)。

A. 无形资产　　　B. 固定资产　　　C. 原材料　　　D. 现金

10. 外购材料的运杂费包括运输费、装卸费以及(　　)。

A. 运输途中的合理损耗　　　　　　B. 采购中发生的增值税

C. 保险费　　　　　　　　　　　　D. 包装费

11. 企业对固定资产计提折旧时,可能借记的会计科目有(　　)。

A. 主营业务成本　　B. 管理费用　　　C. 制造费用　　　D. 财务费用

12. 下列各项中,应通过"制造费用"科目核算的有(　　)。

A. 基本生产车间管理人员工资　　　B. 基本生产车间生产工人工资

C. 应由基本生产车间负担的照明电费　D. 生产产品发生的直接材料成本

13. 下列账户中,期末一般无余额的是(　　)账户。

A. 制造费用　　　B. 营业外收入　　　C. 财务费用　　　D. 盈余公积

14. 下列属于所有者权益的有(　　)。

A. 实收资本　　　B. 盈余公积　　　C. 应付股利　　　D. 未分配利润

15. 利润是指企业在一定会计期间的经营成果,包括(　　)。

A. 营业利润　　　B. 利润总额　　　C. 净利润　　　D. 未分配利润

四、判断题

1. 期间费用应计入当期损益,而不应当由当期产品成本负担。　　　　　　(　　)

2. 法定盈余公积金是根据企业利润总额的一定比例提取的。　　　　　　(　　)

3. 计提固定资产折旧将使企业资产与负债同时减少。　　　　　　　　　(　　)

4. 企业接受投资和接受捐赠都使所有者权益增加。　　　　　　　　　　(　　)

5. 企业收到出租包装物的押金,应贷记"其他应收款"账户。　　　　　　(　　)

6. 企业用支票支付购货款时,应通过"应付票据"账户进行核算。　　　　(　　)

7. 融资租入的固定资产在租赁期内,因为所有权不属于企业,所以在使用过程中不需要计提折旧。　　　　　　　　　　　　　　　　　　　　　　　　　　　(　　)

8. 不论短期借款的用途如何,企业发生的短期借款利息支出,均应计入当期损益。
　　　　　　　　　　　　　　　　　　　　　　　　　　　　　　　　(　　)

9. 企业的资本公积金和未分配利润也称为留存收益。　　　　　　　　　(　　)

10. 企业产生的利得或损失可能计入当期损益,也可能直接计入所有者权益。
　　　　　　　　　　　　　　　　　　　　　　　　　　　　　　　　(　　)

11. 企业的投资人既可以是国家,也可以是法人、自然人。　　　　　　　(　　)

12. 生产过程核算的两项主要内容:一是生产费用的归集和分配;二是产品成本的计算。　　　　　　　　　　　　　　　　　　　　　　　　　　　　　　　　(　　)

13. 制造企业的产品销售收入应属于企业的主营业务收入。　　　　　　　(　　)

14. 不单独设置"预收账款"账户的企业,预收的货款可以在"应收账款"账户中核算。
　　　　　　　　　　　　　　　　　　　　　　　　　　　　　　　　(　　)

15. 生产车间管理人员的工资,应记入"管理费用"账户的借方。　　　　(　　)

16. 制造费用、销售费用、管理费用、财务费用均为企业的期间费用。（　　）

17. "应收票据"账户用来核算企业因销售产品等而收到的银行汇票。（　　）

18. 企业实现的营业利润减去所得税后即为净利润，它是企业的净收益。（　　）

19. 企业当前实现的净利润，加上年初未分配利润和其他转入后的余额为可供分配利润。（　　）

20. 公益性捐赠支出会影响企业的利润总额。（　　）

五、会计实务题

1. 练习资金筹集业务的核算。

兴达公司 2019 年 12 月发生下列经济业务：

（1）从中国农业银行取得期限为 3 个月的借款 1 000 000 元，存入银行。

（2）接受新生公司投入一台机器设备，价值 300 000 元，设备已交付使用。

（3）接受光华公司货币资金 2 000 000 元，存入银行。

（4）计提本月短期借款利息 32 000 元。

（5）收到海康公司投资，其中，不需安装的机器设备一台，价值 400 000 元，设备已交付使用；原材料一批，价值 15 000 元，材料已验收入库。

（6）经董事会大会决议用资本公积 500 000 元转增股本。

要求：根据以上经济业务编制相应的会计分录。

2. 练习固定资产购入业务的核算。

兴达公司本月发生下列固定资产购入业务：

（1）企业用银行借款进行产成品仓库建造。耗用原材料 300 000 元，分配人工费 45 000 元，分配制造费用 50 000 元。

（2）企业接到银行通知，借入的长期借款利息为 65 000 元，用银行存款支付(注：借款利息资本化)。

（3）产成品仓库建造完毕，经验收合格交付使用，结转建造工程成本。

（4）企业购入生产用的不需安装的设备一台，买价为 200 000 元，增值税税率为 13%，运杂费 2 000 元，保险费 500 元，开出转账支票支付全部货款。

（5）企业购入一台生产用需要安装的固定资产，价值为 120 000 元，增值税税率为 13%，运杂费 18 000 元，款项已用银行存款支付。

（6）企业对上述需要安装的设备进行安装，耗用原材料 5 000 元，用银行存款支付安装公司的安装费 4 000 元。

（7）上述设备安装完毕，经验收合格交付使用，结转工程成本。

要求：根据上述经济业务编制相应的会计分录。

3. 练习制造企业供应过程业务和采购成本的核算。

新华工厂为一般纳税人，增值税税率为 13%。2019 年 12 月份发生以下有关的经济业务：

（1）4 日，采购员王明出差预借差旅费 1 500 元，开出现金支票支付(暂借款在"其他应收款"中核算)。

（2）6 日，向东方工厂购进下列原材料，已验收入库，货款尚未支付。

甲材料	1 600 千克	单价 10 元/千克	计 16 000 元
乙材料	800 千克	单价 16 元/千克	计 12 800 元
合　计			28 800 元

同时，以现金支付上述甲、乙材料运费 480 元，运达仓库的装卸费 240 元（运费和装卸费按材料的重量比例计入材料采购成本）。

（3）15 日，以银行存款归还前欠东方工厂材料款 28 800 元。

（4）17 日，从外地光明工厂购入材料 11 100 元，计甲材料 550 千克，单价 10 元/千克；乙材料 350 千克，单价 16 元/千克，货款以银行存款支付，材料未到。

（5）20 日，17 日采购的材料运到，以现金支付运费 180 元，以银行存款支付装卸费 540 元（运费和装卸费按材料重量比例计入材料采购成本）。

（6）23 日，采购员王明出差归来，报销差旅费 1 350 元，退回现金 150 元。

（7）31 日，按入库材料的实际成本结转。

要求：根据以上资料编制相应的会计分录。

4. 练习制造企业生产过程业务和生产成本的核算。

新华工厂耗用 12 月份发生以下经济业务：

（1）仓库本月发出各种原材料。其中，生产 A 产品耗用甲材料 150 千克，单价 10 元/千克，耗用乙材料 100 千克，单价 16 元/千克；生产 B 产品耗用甲材料 120 千克，单价 10 元/千克，耗用乙材料 80 千克，单价 16 元/千克。管理部门一般耗用乙材料 50 千克；生产车间一般耗用乙材料 40 千克。

（2）结转本月应付职工薪酬，其中，A 产品生产工人工资 5 000 元，B 产品生产工人工资 4 000 元，生产车间管理人员工资 2 000 元，行政管理部门人员工资 3 000 元。

（3）计提本月固定资产折旧，其中，车间使用的固定资产折旧 600 元，管理部门固定资产折旧 300 元。

（4）车间报销办公费及其他零星开支 400 元，以现金支付。

（5）车间管理人员刘浩出差归来报销差旅费 2 400 元，原预支 3 000 元，余额归还现金。

（6）结转并分配本月制造费用（制造费用按生产工人工资的比例分配）。

（7）计算并结转本月 A、B 产品的生产成本。本月 A 产品 100 件，B 产品 80 件，均已全部制造完成，并已验收入库，按其实际成本入账。

要求：根据以上经济业务编制相应的会计分录。

5. 制造企业销售过程业务的核算。

新华工厂（增值税税率为 13％）2019 年 12 月份发生的有关经济业务如下：

（1）4 日，向上海公司出售 A 产品 500 件，每件售价 60 元。货款已收到并存入银行。

（2）7 日，向长江公司出售 B 产品 300 件，每件售价 150 元，货款尚未收到；同时，以银行存款代垫运费 250 元。

（3）8 日，以银行存款支付产品在销售过程中由企业负担的运输费 800 元、包装费 200 元。

（4）15 日，收到长江公司支付的 B 产品的货款，存入银行。

（5）30 日，结转已销产品的实际销售成本，其中，A 产品的单位生产成本为每件 40

元,B产品的单位生产成本为每件115元。

(6) 31日,按本月流转税的一定比例计提应交城建税为1 200元,应交教育费附加为600元。

要求:根据上述经济业务编制相应的会计分录。

6. 利润形成及利润分配的核算。

新华工厂(增值税税率为13%)2019年12月份发生以下经济业务:

(1) 发生确实无法偿还的应付账款一笔,金额3 400元,经批准转作营业外收入。

(2) 因销售产品出借给大华公司包装物一批,收取大华公司交来的包装物押金590元,存入银行。

(3) 大华公司因将包装物丢失,未能返还包装物,没收其全部押金590元。

(4) 出售多余甲材料一批,取得不含税收入1 500元,存入银行。

(5) 结转出售甲材料的销售成本,其账面价值为1 000元。

(6) 以现金支付出售甲材料的搬运费120元。

(7) 出售专利权一项,取得价款收入1 000元,存入银行。该专利权的账面价值为600元。

(8) 接银行通知,收到出租固定资产的租金收入850元。

(9) 企业因火灾造成乙材料净损失7 200元,经批准转作营业外支出。

(10) 以银行存款支付违约罚款500元。

(11) 收到股利收入2 000元,存入银行。

(12) 报废不需用机器一台,该机器原值为30 000元,已提折旧27 000元,机器残值收入1 800元。

(13) 结转本月实现的有关收入及费用。假如12月月末各有关损益类账户的本月发生额如下:

主营业务收入	85 000元	主营业务成本	48 000元
销售费用	4 200元	税金及附加	1 445元
管理费用	1 300元	财务费用	800元
营业外收入	3 590元	营业外支出	7 200元
其他业务收入	4 350元	其他业务成本	3 000元
投资收益	2 000元		

(14) 按利润总额的25%计提本月应交所得税费用。

(15) 结转所得税费用到"本年利润"账户。

(16) 假如本年利润总额为2 500 000元(无调整项目)。分别按当年净利润的10%和5%的比例提取法定盈余公积金和公益金。

(17) 按当年净利润的50%的比例向投资者分配利润。

要求:

(1) 根据上述资料编制相应的会计分录;

(2) 分别计算12月份的营业利润、利润总额以及净利润。

第六章　账户的分类

一、单选题

1. 建立账户体系的基础是(　　)。
   A. 账户的用途　　　B. 账户的经济内容　C. 账表关系　　　　D. 账户的结构

2. 盘存类账户属于(　　)。
   A. 负债类账户　　　B. 资产类账户　　　C. 收入类账户　　　D. 利润类账户

3. (　　)账户具有明显的过渡性质。
   A. 集合分配类　　　B. 财务成果类　　　C. 计价对比类　　　D. 结算类

4. 资产结算类账户的贷方登记(　　)。
   A. 应收账款的减少　　　　　　　　　B. 应收账款的增加
   C. 预收账款的增加　　　　　　　　　D. 预收账款的减少

5. 财务成果类账户的余额在贷方表示(　　)。
   A. 实现的利润总额　　　　　　　　　B. 发生的费用总额
   C. 实现的净利润　　　　　　　　　　D. 发生的亏损总额

6. 下列账户中,属于集合分配类账户的是(　　)。
   A. 利润分配账户　B. 制造费用账户　C. 管理费用账户　D. 材料采购账户

7. 下列账户中,属于计价对比类账户的是(　　)
   A. 材料成本差异账户　　　　　　　　B. 坏账准备账户
   C. 材料采购账户　　　　　　　　　　D. 主营业务成本账户

8. 下列账户中,(　　)不属于调整类账户。
   A. 利润分配账户　B. 坏账准备账户　C. 累计折旧账户　D. 应收账款账户

9. 当调整类账户的余额与被调整账户的余额在相同的方向时,应属于(　　)。
   A. 附加类账户　　B. 抵减附加类账户　C. 抵减类账户　　D. 资产类账户

10. "累计折旧"账户按用途和结构分类属于(　　)。
    A. 成本计算类账户　　　　　　　　　B. 费用类账户
    C. 附加类账户　　　　　　　　　　　D. 资产抵减类账户

11. 下列各项中,"管理费用"账户所属的类别是(　　)。
    A. 损益类　　　　B. 资产类　　　　C. 所有者权益类　D. 负债类

12. 下列各项中,不属于成本类账户的是(　　)。
    A. 生产成本　　　B. 所得税费用　　C. 劳务成本　　　D. 制造费用

13. 根据科目内容计入成本类账户的是(　　)
    A. 主营业务成本　B. 制造费用　　　C. 管理费用　　　D. 其他业务成本

14. 下列各项中,不属于总分类账户和明细分类账户平行登记的要点有(　　)。
    A. 期间相同　　　B. 颜色相同　　　C. 金额相同　　　D. 方向相同

15. 平行登记的记账原则可以概括为（　　　）。

    A. 期间一致　　　　B. 金额相等　　　　C. 依据一致　　　　D. 方向一致

二、多选题

1. 下列各项中，属于损益类账户的有（　　　）。

    A. 销售费用　　　　B. 制造费用　　　　C. 管理费用　　　　D. 应收账款

2. 下列各项中，属于损益类账户的有（　　　）。

    A. 主营业务成本　　B. 其他业务成本　　C. 营业外支出　　　D. 生产成本

3. 下列各项中，属于损益类账户的有（　　　）。

    A. 所得税费用　　　B. 营业外收入　　　C. 本年利润　　　　D. 投资收益

4. 下列账户中，属于成本类账户的有（　　　）。

    A. 所得税费用　　　B. 劳务成本　　　　C. 制造费用　　　　D. 生产成本

5. 下列可能属于盘存账户的有（　　　）。

    A. 原材料　　　　　B. 库存商品　　　　C. 银行存款　　　　D. 固定资产

6. 下列账户期末如有余额在借方的有（　　　）。

    A. 债权结算账户　　B. 投资权益账户　　C. 盘存账户　　　　D. 成本计算账户

7. 下列账户期末一般没有余额的是（　　　）。

    A. 收入计算类账户　　　　　　　　　B. 费用计算类账户

    C. 盘存类账户　　　　　　　　　　　D. 集合分配类账户

8. 账户的结构应该包括（　　　）。

    A. 账户借方登记的内容　　　　　　　B. 账户贷方登记的内容

    C. 账户期末余额的方向　　　　　　　D. 账户余额反映的内容

9. 调整类账户按调整方式的不同，可分为（　　　）。

    A. 附加类账户　　　B. 抵减附加类账户　C. 抵减类账户　　　D. 资产类账户

10. 下列盘存账户中，（　　　）账户通过设置明细账可以提供数量和金额两种指标。

    A. "银行存款"　　　B. "原材料"　　　　C. "库存商品"　　　D. "库存现金"

11. 下列账户中，属于资产抵减类账户的有（　　　）。

    A. "累计摊销"账户　　　　　　　　　B. "坏账准备"账户

    C. "利润分配"账户　　　　　　　　　D. "累计折旧"账户

12. "材料成本差异"账户是（　　　）。

    A. 资产类账户　　　B. 负债类账户　　　C. 抵减附加类账户　D. 损益表账户

13. 在生产过程中，用来归集制造产品的生产费用，计算产品成本的账户有（　　　）。

    A. 制造费用　　　　B. 库存商品　　　　C. 生产成本　　　　D. 主营业务成本

14. 账户按用途和结构分类，属于成本计算类账户的有（　　　）。

    A. 制造费用　　　　B. 材料采购　　　　C. 生产成本　　　　D. 主营业务成本

15. 下列各项中，属于损益类账户的有（　　　）。

    A. 销售费用　　　　B. 应收票据　　　　C. 财务费用　　　　D. 管理费用

三、判断题

1. 在所有账户中，左方均登记增加额，右方均登记减少额。　　　　　　　　　（　　　）

2. 所有经济业务的发生都会引起会计等式两边发生变化。 （　　）

3. 一般来说,各类账户的期末余额方向与记录增加额的方向保持一致。 （　　）

4. 会计科目与账户都是对会计对象具体内容的科学分类,两者口径一致,性质相同,格式和结构也相同。 （　　）

5. 费用(成本)类账户结构与资产类账户结构相同,收入类账户结构与权益类账户相同。 （　　）

6. 权益类账户发生增加额时登记在该账户的贷方,发生减少额时登记在该账户的借方,其余额一般出现在账户的借方。 （　　）

7. 对每一个账户来说,期初余额只可能在账户的一方,即借方或贷方。 （　　）

8. 企业只能编制一借一贷、一借多贷、多借一贷的会计分录,而不能编制多借多贷的会计分录。 （　　）

9. 账户之间最本质的差别在于其用途和结构的不同。 （　　）

10. "材料采购"账户既可以归入资产类账户,也可以归入成本类账户。 （　　）

11. 资产负债结算类账户的借方余额,表示尚未收到的债权。 （　　）

12. "税金及附加""所得税费用"账户按用途和结构分类,都属于费用类账户。 （　　）

13. "本年利润"账户年度中间的余额可能在借方,也可能在贷方。 （　　）

14. 抵减附加类账户属于双重性质的结算账户。 （　　）

15. 调整类账户与被调整类账户的用途和结构是相同的,但反映的经济内容不同。 （　　）

第七章　会计凭证

一、单选题

1. 从银行提取现金 1 000 元,应编制(　　)。
   A. 现金收款凭证　　　　　　　　　　B. 现金付款凭证
   C. 银行存款收款凭证　　　　　　　　D. 银行存款付款凭证

2. 下列属于外来原始凭证的是(　　)。
   A. 领料单　　　　B. 银行收款通知单　C. 出库单　　　　D. 发料汇总表

3. 下列可能是收款凭证借方科目的是(　　)。
   A. 原材料　　　　B. 银行存款　　　C. 应付账款　　　D. 固定资产

4. 下列不属于会计凭证的是(　　)。
   A. 出库单　　　　B. 购货发票　　　C. 收料单　　　D. 住宿收据

5. 外来原始凭证一般都是(　　)。
   A. 累计凭证　　　B. 记账凭证　　　C. 单式凭证　　　D. 一次凭证

6. 将会计凭证分为原始凭证和记账凭证的标准是(　　)。
   A. 按其填制的方法不同　　　　　　B. 按其反映的经济内容
   C. 按其填制的程序和用途　　　　　D. 按其取得的来源不同

7. 下列会计凭证中,不能作为登记入账依据的是(　　)。
   A. 借款单　　　　B. 发货票　　　C. 入库单　　　D. 经济合同

8. 仓库使用的限额领料单属于(　　)。
   A. 外来凭证　　　B. 累计凭证　　　C. 一次凭证　　　D. 汇总凭证

9. 企业销售产品一批,货款尚未收到,会计人员应编制(　　)。
   A. 付款凭证　　　B. 收款凭证　　　C. 转账凭证　　　D. 累计凭证

10. 将现金存入银行,按规定应编制(　　)。
    A. 现金收款凭证　　　　　　　　　B. 现金付款凭证
    C. 转账凭证　　　　　　　　　　　D. 银行存款收款凭证

11. 某企业销售产品一批,部分货款存入银行,部分暂欠,该企业应填制(　　)。
    A. 收款凭证和付款凭证　　　　　　B. 收款凭证和转账凭证
    C. 付款凭证和转账凭证　　　　　　D. 两张转账凭证

12. 下列属于外来原始凭证的是(　　)。
    A. 领料汇总表　　B. 入库单　　　C. 出库单　　　D. 银行收账通知

13. 一笔经济业务需要编制多张记账凭证时,可采用(　　)。
    A. 分数编号法　　B. 双重编号法　　C. 字号编号法　　D. 单一编号法

14. 填制原始凭证时应做到大、小写数字符合规范,填写正确,如小写金额为
"¥40 001.50",则正确大写金额为人民币(　　)。

A. 肆万零壹元零伍角整　　　　　　　B. 四万零一元五角整

C. 肆万零壹元伍角整　　　　　　　　D. 肆万零壹元伍毛

15. 原始凭证分为一次凭证、累计凭证和汇总凭证,其划分依据是(　　　)。

A. 取得来源不同　　B. 填制方法不同　　C. 是否经过汇总　　D. 用途不同

16. 企业购进原材料 60 000 元,款项未付。该笔经济业务应编制的记账凭证是(　　　)。

A. 收款凭证　　　　B. 付款凭证　　　　C. 转账凭证　　　　D. 以上均可

17. 原始凭证有错误的,正确的处理方法是(　　　)。

A. 向单位负责人报告　　　　　　　　B. 退回,不予接受

C. 由出具单位重开或更正　　　　　　D. 本单位代为更正

18. 下列表示方法中正确的是(　　　)。

A. ￥508.00　　　　　　　　　　　　B. ￥86.00

C. 人民币　伍拾陆元捌角伍分整　　　D. 人民币　柒拾陆元整

19. 关于会计凭证的保管,下列说法不正确的是(　　　)。

A. 会计凭证应定期装订成册,防止散失

B. 会计主管人员和保管人员应在封面上签章

C. 原始凭证不得外借,其他单位如有特殊原因确实需要使用时,经本单位负责人批准,可以复制

D. 经单位领导批准,会计凭证在保管期满前可以销毁

20. 付款凭证左上角的"贷方科目"可能登记的科目有(　　　)。

A. 预付账款　　　　B. 银行存款　　　　C. 预收账款　　　　D. 其他应付款

21. 下列不属于自制原始凭证的是(　　　)。

A. 领料单　　　　　B. 成本计算单　　　C. 入库单　　　　　D. 火车票

22. 下列业务中应该编制收款凭证的是(　　　)。

A. 购买原材料用银行存款支付　　　　B. 收到销售商品的款项

C. 购买固定资产,款项尚未支付　　　　D. 销售商品,收到商业汇票一张

23. 根据连续反映某一时期内不断重复发生而分次进行的特定业务编制的原始凭证有(　　　)。

A. 一次凭证　　　　B. 累计凭证　　　　C. 记账凭证　　　　D. 汇总原始凭证

24. 将库存现金送存银行,应填制的记账凭证是(　　　)。

A. 库存现金收款凭证　　　　　　　　B. 库存现金付款凭证

C. 银行存款收款凭证　　　　　　　　D. 银行存款付款凭证

25. 下列属于累计凭证的是(　　　)。

A. 领料单　　　　　B. 限额领料单　　　C. 耗用材料汇总表　D. 工资汇总表

26. 出纳人员付出货币资金的依据是审核无误的(　　　)。

A. 收款凭证　　　　B. 付款凭证　　　　C. 转账凭证　　　　D. 原始凭证

27. 填制记账凭证时,错误的做法是(　　　)。

A. 根据每一张原始凭证填制

B. 根据若干张同类原始凭证汇总填制

C. 将若干张不同内容和类别的原始凭证汇总填制在一张记账凭证上

D. 根据原始凭证汇总表编制

28. 在审核原始凭证时,对于内容不完整、填写有错误或手续不完备的原始凭证,应该(　　)。

A. 拒绝办理,并向本单位负责人报告

B. 予以抵制,对经办人员进行批评

C. 由会计人员重新编制或予以更正

D. 予以退回,要求更正、补充,以至重新编制

29. 下列关于原始凭证的说法不正确的是(　　)。

A. 按照来源的不同,分为外来原始凭证和自制原始凭证

B. 按照格式的不同,分为通用原始凭证和专用原始凭证

C. 按照填制手续及内容不同,分为一次原始凭证、累计原始凭证和汇总原始凭证

D. 按照填制方法不同,分为外来原始凭证和自制原始凭证

30. 原始凭证按(　　)分类,分为一次凭证、累计凭证等类。

A. 用途和填制程序　　　　　　　B. 形成来源

C. 填制方式　　　　　　　　　　D. 填制程序及内容

31. 可以不附原始凭证的记账凭证是(　　)。

A. 更正错误的记账凭证　　　　　B. 从银行提取现金的记账凭证

C. 以现金发放工资的记账凭证　　D. 职工临时性借款的记账凭证

32. 在原始凭证上书写阿拉伯数字,错误的做法是(　　)。

A. 金额数字前书写货币币种符号

B. 币种符号与金额数字之间要留有空白

C. 币种符号与金额数字之间不得留有空白

D. 数字前写有币种符号的,数字后不再写货币单位

33. 下列属于通用凭证的是(　　)。

A. 收料单　　　B. 折旧计算表　　C. 增值税专用发票　D. 差旅费报销单

34. 下列不能作为会计核算的原始凭证的是(　　)。

A. 发货票　　　B. 合同书　　　　C. 入库单　　　　D. 领料单

35. 不符合原始凭证基本要求的是(　　)。

A. 从个人取得的原始凭证,必须有填制人员的签名盖章

B. 原始凭证不得涂改、刮擦、挖补

C. 上级批准的经济合同,应作为原始凭证

D. 大写和小写金额必须相等

二、多选题

1. 涉及现金和银行存款划转业务时编制的记账凭证有(　　)。

A. 银行存款收款凭证　　　　　　B. 银行存款付款凭证

C. 现金收款凭证　　　　　　　　D. 现金付款凭证

2. 填制原始凭证时应做到( )。

    A. 内容完整   B. 记录真实   C. 科目正确   D. 遵纪守法

3. 下列凭证属于复式记账凭证的有( )。

    A. 收款凭证   B. 付款凭证   C. 转账凭证   D. 通用记账凭证

4. 原始凭证按其用途不同,可分为( )。

    A. 外来凭证   B. 自制凭证   C. 累计凭证   D. 通知凭证

5. 下列各项中,属于记账凭证必须具备的内容是( )。

    A. 记账凭证名称   B. 接收单位名称   C. 日期编号   D. 会计分录

6. 下列属于一次凭证的有( )。

    A. 收料单   B. 报销单   C. 购货发票   D. 付款凭证

7. 下列属于原始凭证基本内容的有( )。

    A. 填制凭证的日期 B. 接受凭证的单位 C. 实物数量金额 D. 凭证编号

8. 原始凭证按其填制方法不同,可分为( )。

    A. 一次凭证   B. 累计凭证   C. 汇总凭证   D. 复式凭证

9. 下列属于记账凭证的有( )。

    A. 收款凭证   B. 销货发票   C. 银行结算凭证   D. 科目汇总表

10. 企业购入材料一批,货款已付,材料已验收入库,并结转入库材料成本,应编制的全部会计凭证是( )

    A. 收料单   B. 一次凭证

    C. 银行存款付款凭证   D. 转账凭证

11. 外来原始凭证是( )。

    A. 一次凭证   B. 累计凭证

    C. 从企业外部取得的   D. 收料单

12. 下列不属于记账凭证的有( )。

    A. 科目汇总表   B. 收料凭证汇总表

    C. 限额领料单   D. 现金收入汇总表

13. 填制原始凭证的要求有( )。

    A. 记录真实   B. 内容完整   C. 书写规范   D. 连续编号

14. 下列属于外来原始凭证的有( )。

    A. 购货发票   B. 出差发票   C. 银行结算凭证   D. 领料单

15. 收款凭证和付款凭证是( )。

    A. 调整和结转有关账项的依据   B. 登记现金、银行存款日记账的依据

    C. 登记总分类账的依据   D. 出纳人员收付款项的依据

16. 原始凭证的基本内容包括( )。

    A. 原始凭证名称   B. 接受原始凭证的单位名称

    C. 经济业务的性质   D. 凭证附件

17. 下列说法正确的是( )。

    A. 已经登记入账的记账凭证,在当年内发现填写错误时,直接用蓝字重新填写一

张正确的记账凭证即可

  B. 发现以前年度记账凭证有错误的,可以用红字填写一张与原内容相同的记账凭证,再用蓝字重新填写一张正确的记账凭证

  C. 如果会计科目没有错误只是金额错误,也可以将正确数字与错误数字之间的差额,另填制一张调整的记账凭证,调增金额用蓝字,调减金额用红字

  D. 发现以前年度记账凭证有错误的,应当用蓝字填制一张更正的记账凭证

18. 其他单位因特殊原因需要使用本单位的原始凭证,正确的做法是(　　)。

  A. 可以外借

  B. 将外借的会计凭证拆封抽出

  C. 不得外借,经本单位会计机构负责人或会计主管人员批准,可以复制

  D. 将向外单位提供的凭证复印件在专设的登记簿上登记

19. 在原始凭证上书写阿拉伯数字,正确的是(　　)。

  A. 金额数字一律填写到角、分

  B. 无角分的,角位和分位可写"00"或者符号"—"

  C. 有角无分的,分位应当写"0"

  D. 有角无分的,分位也可以用符号"—"代替

20. 下列属于外来原始凭证的有(　　)。

  A. 本单位开具的销售发票　　　　　B. 供货单位开具的发票

  C. 职工出差取得的飞机票和火车票　D. 银行收付款通知单

21. 下列说法正确的是(　　)。

  A. 记账凭证上的日期指的是经济业务发生的日期

  B. 对于涉及"库存现金"和"银行存款"之间的经济业务,一般只编制收款凭证

  C. 出纳人员不能直接依据有关收、付款业务的原始凭证办理收、付款业务

  D. 出纳人员必须根据经会计主管或其指定人员审核无误的收、付款凭证办理收、付款业务

22. 下列属于一次凭证的有(　　)。

  A. 收据　　　　B. 发货票　　　　C. 工资结算单　　　D. 工资汇总表

23. 关于记账凭证,下列说法正确的是(　　)。

  A. 收款凭证是指用于记录现金和银行存款收款业务的会计凭证

  B. 收款凭证分为库存现金收款凭证和银行存款收款凭证两种

  C. 从银行提取库存现金的业务应该编制库存现金收款凭证

  D. 从银行提取库存现金的业务应该编制银行存款付款凭证

24. 原始凭证的审核内容包括(　　)。

  A. 有关数量、单价、金额是否正确无误　　B. 是否符合有关的计划和预算

  C. 记录的经济业务的发生时间　　　　　　D. 有无违反财经制度的行为

25. 对原始凭证发生的错误,正确的更正方法是(　　)。

  A. 由出具单位重开或更正

  B. 由本单位的会计人员代为更正

  C. 金额发生错误的,可由出具单位在原始凭证上更正

  D. 金额发生错误的,应当由出具单位重开

三、判断题

1. 付款凭证是只用于银行存款付出业务的记账凭证。   ( )

2. 自制原始凭证是企业内部经办业务的部门和人员填制的凭证。 ( )

3. 一次凭证是指反映一项经济业务的凭证。   ( )

4. 制造费用分配表属于记账凭证。   ( )

5. 原始凭证是登记日记账和明细账的依据。   ( )

6. 企业经济活动产生的凭证都是编制记账凭证的依据。 ( )

7. 外来原始凭证都属于一次凭证。   ( )

8. 根据现行规定,会计凭证上的大写金额栏内可以预留分角元拾佰仟万等空格。( )

9. 记账凭证是用来登记总分类账户的唯一依据。   ( )

10. 凡是涉及现金和银行存款一增一减的业务,只编制付款凭证。 ( )

11. 转账支票只能用于转账,而现金支票不仅可以用于提取现金还可以用于转账。

                         ( )

12. 所有的记账凭证都必须附有原始凭证,否则,不能作为记账的依据。 ( )

13. 原始凭证原则上不得外借,其他单位如有特殊原因确实需要使用时,经本单位会计机构负责人、会计主管人员批准,可以外借。   ( )

14. 原始凭证是会计核算的原始资料和重要依据,是登记会计账簿的直接依据。

                         ( )

15. 发现以前年度记账凭证有错误,不必用红字冲销,直接用蓝字填制一张更正的记账凭证。   ( )

16. 记账凭证填制完经济业务事项后,如有空行,应当自金额栏最后一笔金额数字下的空行处至合计数上的空行处划线注销。   ( )

17. 对于真实、合法、合理但内容不够完善、填写有错误的原始凭证,会计机构和会计人员不予以接受。   ( )

18. 自制原始凭证都是一次凭证,外来原始凭证绝大多数是一次凭证。 ( )

19. 原始凭证发生的错误,正确的更正方法是由出具单位在原始凭证上更正。

                         ( )

四、会计实务题

某企业 2019 年 8 月份发生以下经济业务:

  (1) 8 月 4 日,收到 A 公司归还前欠货款 20 000 元并存入银行。

  (2) 8 月 9 日,向 B 工厂购入甲材料,进价 45 200 元(含进项税额,税率为 13%),货款以商业汇票支付。材料已验收入库。

  (3) 8 月 11 日,从银行提取现金 52 000 元。

  (4) 8 月 16 日,销售甲产品一批计 37 440 元(含销项税额,税率为 13%),收入现金并已全部送存银行。

  (5) 8 月 22 日,车间领甲材料 18 000 元用以生产 A 产品。

(6) 8 月 23 日,管理人员王某出差回来,报销差旅费 2 230 元,交回现金 270 元。

(7) 8 月 26 日,销售给 C 公司乙产品一批,计价 40 014 元(含销项税额,税率为 13%),货款未收。

(8) 8 月 29 日,以银行存款支付电费 1 240 元,水费 480 元。

要求:

(1) 根据以上经济业务,确定应编制的记账凭证的种类。

(2) 根据以上经济业务编制相应的会计分录。

第八章 会计账簿

一、单选题

1. 应收账款明细账一般采用的格式是（　　）。
   - A. 借、贷、余额三栏式
   - B. 数量金额式
   - C. 多栏式
   - D. 贷方多栏式

2. 多栏式现金日记账属于（　　）。
   - A. 总分类账
   - B. 明细分类账
   - C. 序时账
   - D. 备查账簿

3. 必须采用订本式的账簿有（　　）。
   - A. 总分类账
   - B. 明细分类账
   - C. 辅助账
   - D. 序时账

4. 对于从银行提取现金的业务登记现金日记账的依据是（　　）。
   - A. 现金收款凭证
   - B. 银行存款收款凭证
   - C. 现金付款凭证
   - D. 银行存款付款凭证

5. 对于将现金存入银行的业务登记银行存款日记账的依据是（　　）。
   - A. 现金收款凭证
   - B. 银行存款收款凭证
   - C. 现金付款凭证
   - D. 银行存款付款凭证

6. 记账员根据记账凭证登记时，误将 600 元记为 6 000 元，更正这种记账错误应采用（　　）。
   - A. 红字更正法
   - B. 补充登记法
   - C. 划线更正法
   - D. 任意一种更正法

7. 记账或结账后，发现记账凭证用错科目，引起记账错误，更正这种记账错误应采用（　　）。
   - A. 红字更正法
   - B. 补充登记法
   - C. 划线更正法
   - D. 挖擦刮补法

8. 现金日记账和银行存款日记账应由（　　）进行登记。
   - A. 会计人员
   - B. 会计主管人员
   - C. 出纳人员
   - D. 临时指定人员

9. 必须逐日、逐笔登记的会计账簿是（　　）。
   - A. 明细分类账
   - B. 总分类账
   - C. 日记账
   - D. 备查账

10. 不能作为银行存款日记账登记依据的是（　　）。
    - A. 库存现金收款凭证
    - B. 部分库存现金付款凭证
    - C. 银行存款收款凭证
    - D. 银行存款付款凭证

11. 可以采用三栏式的明细账是（　　）。
    - A. 原材料明细账
    - B. 制造费用明细账
    - C. 固定资产明细账
    - D. 预收账款明细账

12. 结账前发现账簿的文字或数字发生错误，但凭证没有错误，可以采用的错账更正方法是（　　）。
    - A. 划线更正法
    - B. 红字更正法
    - C. 补充登记法
    - D. 可以更换账簿

13. 以下属于对账中账证核对内容的是(　　)。
    A. 银行存款日记账的账面余额与开户银行账目定期核对
    B. 银行存款总分类账户的期末余额与银行存款日记账的期末余额核对
    C. 库存现金日记账与某日收款凭证核对
    D. 总分类账户的期末余额与明细分类账的期末余额核对

14. 由具有一定格式而又相互联结的账页组成的簿籍称为(　　)。
    A. 会计科目　　　　B. 会计凭证　　　　C. 会计账户　　　　D. 会计账簿

15. 在下列各项中,不属于会计账簿按用途分类包含的账簿种类是(　　)。
    A. 序时账簿　　　　B. 分类账簿　　　　C. 活页式账簿　　　　D. 备查账簿

16. 在下列各项中,不属于会计账簿按外表形式分类包含的账簿种类是(　　)。
    A. 订本式账簿　　　B. 活页式账簿　　　C. 备查账簿　　　　D. 卡片式账簿

17. 在下列各项中,属于订本式账簿优点的是(　　)。
    A. 不便于为多个账户预留账页　　　　B. 保证账簿的安全完整
    C. 不便于记账人员的分工记账　　　　D. 使用起来不够灵活

18. 在下列各项中,属于订本式账簿缺点的是(　　)。
    A. 可以避免账页的散失　　　　B. 防止账页被人为抽换
    C. 不便于记账人员分工记账　　　　D. 保证账簿的安全完整

19. 在以下各种账簿中,可以根据汇总金额登记的账簿是(　　)。
    A. 总分类账簿　　　B. 序时账簿　　　C. 备查账簿　　　　D. 明细分类账簿

20. 在下列各种账簿中,适用于债权债务等只需要反映价值指标的交易或事项的记录的明细分类账簿是(　　)。
    A. 三栏式明细分类账簿　　　　B. 数量金额式明细分类账簿
    C. 多栏式明细分类账簿　　　　D. 三栏式日记账账簿

21. 在下列各种账簿中,适用于既需要反映价值量,又需要反映实物量的交易或事项的记录的明细分类账簿是(　　)。
    A. 三栏式明细分类账簿　　　　B. 数量金额式明细分类账簿
    C. 多栏式明细分类账簿　　　　D. 明细分类账簿

22. 在下列各种账簿中,适用于成本费用、收入和应交税费等交易或事项的记录的明细分类账簿是(　　)。
    A. 三栏式明细分类账簿　　　　B. 数量金额式明细分类账簿
    C. 多栏式明细分类账簿　　　　D. 三栏式日记账账簿

23. 三栏式明细分类账簿一般适用于登记(　　)。
    A. 只进行价值量核算的交易或事项　　　　B. 费用或收入增减交易或事项
    C. 只进行实物量核算的交易或事项　　　　D. 材料物资类增减交易或事项

24. 在下列各种明细分类账簿中,不属于多栏式明细分类账簿的种类是(　　)。
    A. 借方多栏式　　　　B. 贷方多栏式
    C. 借方、贷方多栏式　　　　D. 借方、贷方均不设多栏式

25. 数量金额式明细分类账簿的功能是(　　)。

A. 只反映价值量 　　　　　　　　　 B. 只反映实物量

C. 既反映价值量,又反映实物量 　　　D. 不反映价值量,也不反映实物量

26. 会计人员在登记账簿时,应当遵守的最基本规则是( )。

A. 内容齐全准确 　B. 书写适当留格 　C. 依据凭证记账 　D. 使用蓝黑墨水

27. 在下列各种情形中,适用划线更正法更正的错账是( )。

A. 在记账凭证上将科目用错 　　　　B. 在记账凭证上金额写少

C. 在记账凭证上金额写多 　　　　　D. 记账凭证正确但记账发生笔误

28. 在下列各种情形中,适用补充登记法更正的错账是( )。

A. 在记账凭证上将科目用错 　　　　B. 在记账凭证上金额写少

C. 在记账凭证上金额写多 　　　　　D. 记账凭证正确但记账发生笔误

29. 记账以后发现记账凭证上的会计科目用错,应采用的更正方法是( )。

A. 划线更正法 　B. 红字更正法 　　C. 补充登记法 　　D. 重填凭证法

30. 进行账账核对所采用的基本方法是( )。

A. 直接核对 　　　B. 清查盘点核对 　C. 编制试算表核对 D. 与对账单核对

31. 在登记账户时,将一项交易或事项的借方和贷方方向记反,试算表上的借贷方合计数会( )。

A. 仍然相等 　　　　　　　　　　　B. 肯定不相等

C. 可能相等也可能不相等 　　　　　D. 在存在其他错账的情况下相等

32. 在下列各项中,不属于用于查找影响试算表平衡的错账的方法是( )。

A. 差数法 　　　　B. 除二法 　　　C. 和数法 　　　　D. 除九法

33. 在下列各项中,不属于期末结账的内容是( )。

A. 将在本期发生的交易或事项全部入账

B. 计算账户的上期发生额及余额

C. 按照权责发生制基础对应计事项调整入账

D. 结清收入费用账户,结转入"本年利润"账户

34. 在下列各项中,应当作为企业进行会计确认、计量和报告基础的是( )。

A. 权责发生制 　B. 收付实现制 　　C. 永续盘存制 　　D. 实地盘存制

35. 权责发生制基础下确认本期收入和费用的标准是( )。

A. 实收实付 　　　B. 实付应收 　　　C. 应收应付 　　　D. 实收应付

36. 在下列各项中,不属于在权责发生制基础下于期末调整的内容是( )。

A. 应计未收收入 　B. 应计已收收入 　C. 应计未付费用 　D. 应计预收收入

37. 在采用权责发生制基础确认收入和费用时,下列内容中不应于期末确认的费用是( )。

A. 应计预付费用 　B. 应计计提费用 　C. 应计未付费用 　D. 应计已付费用

38. 进行年度之间账户余额的结转时,应( )。

A. 填制收款记账凭证 　　　　　　　B. 填制付款记账凭证

C. 填制转账记账凭证 　　　　　　　D. 不填制任何记账凭证

二、多选题

1. 账簿按其用途可分为(　　)。

A. 分类账　　　　B. 备查账　　　　C. 序时账　　　　D. 卡片式

2. 账簿按其外表形式可分为(　　)。

A. 订本式　　　　B. 卡片式　　　　C. 三栏式　　　　D. 活页式

3. 库存现金日记账登记的依据是(　　)。

A. 现金收款凭证　　　　　　　　B. 现金付款凭证

C. 部分银行存款收款凭证　　　　D. 部分银行存款付款凭证

4. 总分类账簿应采用(　　)。

A. 订本式　　　　B. 活页式　　　　C. 三栏式　　　　D. 多栏式

5. 各单位必须依法设置会计账簿,会计账簿包括(　　)。

A. 总账　　　　B. 明细账　　　　C. 日记账　　　　D. 备查账

6. 下列应采用数量金额式账页登记明细账的是(　　)。

A. 原材料　　　B. 固定资产　　　C. 库存商品　　　D. 在途物资

7. 多栏式明细账一般用于(　　)。

A. 管理费用　　　B. 在途物资　　　C. 制造费用　　　D. 主营业务收入

8. 根据《会计法》的规定,会计人员登记账簿的依据是(　　)。

A. 审核过的记账凭证　　　　　　B. 审核过的原始凭证和记账凭证

C. 审核过的原始凭证　　　　　　D. 审核过的记账凭证汇总表

9. 下列允许用红色墨水记账的是(　　)。

A. 结账划线　　　　　　　　　　B. 登记账簿的冲减数

C. 划线改错　　　　　　　　　　D. 累计发生额

10. 下列应随时结出余额的有(　　)。

A. 总账　　　B. 库存现金日记账　C. 银行存款日记账　D. 原材料明细账

11. 明细分类账登记的依据是(　　)。

A. 记账凭证　　B. 原始凭证汇总表　C. 汇总记账凭证　　D. 记账凭证汇总表

12. 对账的内容包括(　　)。

A. 账证核对　　　B. 账账核对　　　C. 账实核对　　　D. 账表核对

13. 总分类账登记的依据是(　　)。

A. 记账凭证　　　B. 原始凭证　　　C. 汇总记账凭证　　D. 记账凭证汇总表

14. 银行存款日记账登记的依据是(　　)。

A. 部分现金收款凭证　　　　　　B. 部分现金付款凭证

C. 银行存款收款凭证　　　　　　D. 银行存款付款凭证

15. 任何企事业单位都必须设置的账簿有(　　)。

A. 日记账　　　B. 辅助账簿　　　C. 总分类账簿　　　D. 备查账簿

E. 明细分类账

16. 下列账簿必须采用订本式账簿的是(　　)。

A. 明细分类账　　　　　　　　　B. 总分类账

C. 库存现金日记账　　　　　　　　　　D. 银行存款日记账

E. 备查账

17. 下列各项账簿中，可以采用多栏式明细账的是(　　)。

A. 生产成本　　　B. 销售费用　　　C. 原材料　　　D. 应付账款

E. 制造费用

18. 明细分类账可以采用的格式有(　　)。

A. 三栏式账簿　　　　　　　　　　　　B. 多栏式账簿

C. 数量金额式账簿　　　　　　　　　　D. 订本式账簿

E. 备查账簿

19. 下列可以使用红色墨水记账的有(　　)。

A. 按照红字冲账的记账凭证，冲销错误记录

B. 在不设借贷的多栏式账页中，登记减少数

C. 在三栏式账户的余额前，如未印明余额方向的，在余额栏内登记负数余额

D. 进行年结、月结时划线

E. 补充登记时

20. 在下列各项中，属于设立和登记账簿目的的有(　　)。

A. 满足记录交易或事项的要求　　　　B. 解决交易或事项的记录方法

C. 为交易或事项的记录提供依据　　　D. 为会计报告进行信息存储

E. 为评价经营者业绩等提供依据

21. 在下列各项中，属于设置会计账簿意义的有(　　)。

A. 可以系统、全面地积累会计信息资料

B. 可以为交易或事项的发生提供证明

C. 可为考核企业财务状况，评价经营者业绩等提供依据

D. 可进行账簿记录准确性的检验

E. 可以为企业财务报告的编制提供基础性数据资料

22. 在下列各项中，属于会计账簿按用途分类包含的账簿种类有(　　)。

A. 序时账簿　　　B. 分类账簿　　　C. 活页式账簿　　　D. 备查账簿

E. 订本式账簿

23. 在下列各项中，属于会计账簿按外表形式分类包含的账簿种类有(　　)。

A. 订本式账簿　　　B. 活页式账簿　　　C. 卡片式账簿　　　D. 序时账簿

E. 备查账簿

24. 在下列各项中，属于会计账簿按外表形式分类包含的账簿种类有(　　)。

A. 订本式账簿　　　B. 总分类账簿　　　C. 卡片式账簿　　　D. 明细分类账簿

E. 活页式账簿

25. 企业在设置会计账簿时应遵循的基本原则有(　　)。

A. 满足需要　　　B. 组织严密　　　C. 精简灵便

D. 手续齐备　　　E. 结合实际

26. 总分类账簿一般为(　　)。

A. 借、贷、余三栏式　　　　　　　　B. 活页式账簿

C. 订本式账簿　　　　　　　　　　　D. 备查账簿

E. 卡片式账簿

27. 在下列各项中,属于订本式账簿优点的有(　　　)。

A. 可以避免账页的散失　　　　　　　B. 防止账页被人为抽换

C. 便于记账人员的分工记账　　　　　D. 使用起来比较灵活

E. 保证账簿的安全完整

28. 在下列各种账簿中,属于明细分类账簿的是(　　　)。

A. 三栏式明细分类账簿　　　　　　　B. 数量金额式明细分类账簿

C. 三栏式库存现金日记账　　　　　　D. 多栏式明细分类账簿

E. 三栏式银行存款日记账

29. 在下列账户中,可设置为多栏式明细分类账簿的有(　　　)。

A. "生产成本"账户　　　　　　　　　B. "制造费用"账户

C. "在途物资"账户　　　　　　　　　D. "管理费用"账户

E. "实收资本"账户

30. 在下列账户中,可设置为三栏式明细分类账簿的有(　　　)。

A. "应收账款"账户　　　　　　　　　B. "应付账款"账户

C. "预收账款"账户　　　　　　　　　D. "短期借款"账户

E. "预付账款"账户

31. 在下列账户中,可设置为数量金额式明细分类账簿的有(　　　)。

A. "原材料"账户　　　　　　　　　　B. "库存商品"账户

C. "固定资产"账户　　　　　　　　　D. "长期借款"账户

E. "应付债券"账户

32. 启用订本式账簿时,一般应在账簿扉页上填写的内容有(　　　)。

A. 账簿使用登记表　　　　　　　　　B. 交易或事项的发生时间

C. 交易或事项的内容　　　　　　　　D. 账户目录

E. 交易或事项的增减金额

33. 在下列各项中,会计人员在登记账簿时应当遵守的规则有(　　　)。

A. 依据凭证记账　　　　　　　　　　B. 书写适当留格

C. 内容齐全准确　　　　　　　　　　D. 使用蓝黑墨水

E. 账页连续登记

34. 对账的主要内容有(　　　)。

A. 账账核对　　　B. 账证核对　　　C. 账实核对　　　D. 账表核对

E. 债权债务核对

35. 在由下列原因引起的错账中,可采用红字更正法更正的有(　　　)。

A. 在记账凭证上将科目用错　　　　　B. 在记账凭证上将金额写少

C. 在记账凭证上将金额写多　　　　　D. 在记账凭证上将编号写错

E. 记账凭证正确只是记账时笔误

36. 在会计上,用于查找影响试算表平衡的错账的主要方法有( )。

    A. 差数法   B. 除二法   C. 除五法   D. 和数法

    E. 除九法

37. 在下列各项中,属于期末结账的内容有( )。

    A. 将账户的上期余额结转入本期账户

    B. 将在本期发生的交易或事项全部入账

    C. 按照权责发生制基础对应计事项调整入账

    D. 结清收入费用账户,结转入"本年利润"账户

    E. 计算结转账户的发生额及余额

38. 在下列各项中,属于在权责发生制基础下应在期末调整的内容有( )。

    A. 应计未收收入   B. 应计预收收入   C. 应计预付费用   D. 应计未付费用

    E. 应计已收收入

39. 如果企业在会计期末不进行应计未收收入的调整,将会( )。

    A. 虚减当期资产   B. 虚减当期收入   C. 虚增当期收入   D. 虚减当期负债

    E. 虚减当期利润

40. 如果企业在会计期末不进行应计预收收入的调整,将会( )。

    A. 虚减当期负债   B. 虚减当期收入   C. 虚增当期收入   D. 虚增当期负债

    E. 虚减当期利润

41. 在采用权责发生制基础确认收入和费用时,下列内容中应于本期期末确认的费用有( )。

    A. 应计未收收入   B. 应计预收收入   C. 应计预付费用   D. 应计未付费用

    E. 应计已付费用

42. 如果企业在会计期末不进行应计预付费用的调整,将会( )。

    A. 虚减当期资产   B. 虚减当期费用   C. 虚增当期收入   D. 虚减当期负债

    E. 虚减当期利润

43. 如果企业在会计期末不进行应计未付费用的调整,将会( )。

    A. 虚减当期资产   B. 虚减当期费用   C. 虚增当期收入   D. 虚减当期负债

    E. 虚增当期利润

44. 如果企业在会计期末不进行应计计提费用的调整,将会( )。

    A. 虚增当期资产   B. 虚减当期费用   C. 虚减当期成本   D. 虚减当期负债

    E. 虚增当期利润

45. 在下列各项中,属于企业的期末结账的内容一般有( )。

    A. 日结   B. 月结   C. 旬结   D. 季结

    E. 年结

46. 在下列各项中,属于账簿平时保管要求的有( )。

    A. 专人管理,保证安全   B. 装订成册,手续完备

    C. 查阅复制,须经批准   D. 编制清单,归档保管

    E. 除必要外,不得外带

47. 在下列各项中,属于对使用过的账簿保管要求的有(　　　)。

　　A. 归类整理,保证齐全　　　　　　B. 装订成册,手续完备

　　C. 编制清单,归档保管　　　　　　D. 妥善保存,期满销毁

　　E. 除必要外,不得外带

三、判断题

1. 账簿中的序时账簿、分类账簿都是编制会计报表的主要依据。　　　　（　　）

2. 序时账就是日记账。　　　　　　　　　　　　　　　　　　　　　（　　）

3. 日记账就是每日都登记的账簿。　　　　　　　　　　　　　　　　（　　）

4. 总账、库存现金日记账、银行存款日记账必须采用订本式账簿。　　（　　）

5. 各种明细分类账根据情况可采用活页式账簿或订本式账簿。　　　　（　　）

6. 对账的主要内容就是账簿与账簿核对相符。　　　　　　　　　　　（　　）

7. 补充登记法主要用于记账之前发现记账凭证科目或数字错误。　　　（　　）

8. 成本明细账库存可采用三栏式账簿,也可采用多栏式账簿。　　　　（　　）

9. 库存现金日记账的余额应该每天与库存现金核对。　　　　　　　　（　　）

10. 总分类账的登记依据只能是记账凭证。　　　　　　　　　　　　　（　　）

11. 明细分类账应根据记账凭证和所附原始凭证登记。　　　　　　　　（　　）

12. 不能用红色墨水登记任何账簿。　　　　　　　　　　　　　　　　（　　）

13. 每一页账簿登记完毕接转下页时,应当结出本页合计数和余额,填写在最后一行中,过次页。　　　　　　　　　　　　　　　　　　　　　　　　　　　（　　）

14. 总账控制明细账,明细账是总账的具体化。　　　　　　　　　　　（　　）

15. 明细账根据记账凭证和所附原始凭证登记,而总账则根据明细账登记。（　　）

16. 一个会计年度结束后,每个账户的余额应结束。　　　　　　　　　（　　）

17. 无论是红字更正法还是补充登记法,更正凭证的编号与错误凭证相同。（　　）

18. 总分类账簿既能提供货币指标,又能提供实物指标。　　　　　　　（　　）

19. 每一会计年度结束后,所有账簿都应该更换。　　　　　　　　　　（　　）

20. 实行会计电算化的单位,总账和明细账应当定期打印。　　　　　　（　　）

21. 在特殊情况下,各单位也可以采用银行对账单来代替银行存款日记账。（　　）

22. 总分类账可以采用订本式账簿,账页格式一般为多栏式。　　　　　（　　）

23. 所有的总分类账和明细分类账都是根据记账凭证来登记的。　　　　（　　）

24. 某会计人员在填制记账凭证时,误将 6 500 元记为 5 600 元,并已登记入账。月末结账前发现错误,更正时应采用划线更正法。　　　　　　　　　　　　　（　　）

25. 会计账簿是重要的经济档案和历史资料,必须长期保存,不得销毁。（　　）

26. 备查账簿与其他账簿一样,都是用于登记企业所发生的交易或事项的。（　　）

27. 库存现金日记账中的对方科目,是指交易或事项发生以后编制的会计分录中与"银行存款"科目相对应的会计科目。　　　　　　　　　　　　　　　　（　　）

28. 总分类账簿也应像序时账簿、明细分类账簿,由记账人员根据记账凭证逐笔登记。　　　　　　　　　　　　　　　　　　　　　　　　　　　　　　（　　）

29. 在数量金额式明细分类账簿中也要设置多个专栏,因而这种账簿也可称为多栏

式明细分类账簿。 （ ）

30. 账簿登记完毕,应在会计账簿上做出已记账标志。 （ ）

31. 各种账簿应按顺序编号的页次连续登记,不得跳行或隔页登记。 （ ）

32. 账页上的"借或贷"栏表示账户的余额方向。 （ ）

33. 对在记账凭证上用错会计科目产生的错账应当用划线更正法更正。 （ ）

34. 所谓对账就是指账簿与账簿之间的核对。 （ ）

35. 账目核对是指账目的定期核对。 （ ）

36. 所谓账证核对是指对账时将账簿的记录与有关的会计凭证进行核对。 （ ）

37. 差数法是根据试算表上借贷双方合计数的差额直接查找错账的一种方法。 （ ）

38. 除九法是将试算表上借、贷双方合计数的差额除以9,根据差数的某些特征查找错账的一种方法。 （ ）

39. 结账是指在会计期末对一定时期内账簿记录所做的核对工作。 （ ）

40. 结账就是在期末计算每个账户的发生额。 （ ）

41. 权责发生制基础确认收入和费用的标准为实收实付。 （ ）

42. 权责发生制基础确认收入和费用只在会计期末发生,与平时交易或事项的处理无关。 （ ）

43. 在结清收入费用账户时,应填制记账凭证。 （ ）

44. 结清收入费用账户的过程也是确定企业当期经营成果的过程。 （ ）

45. 在结清收入费用账户时,所有收入类账户的发生额(或余额)应结转入"本年利润"账户的借方。 （ ）

46. 对本月没有发生额的账户,可不进行月结。 （ ）

47. 为检验本年账户登记的正确性,上一年结转过来的余额在抄列时应列于相反方向。 （ ）

48. 为检验本年账户登记的正确性,在抄列"上年结余"的下一行按相同方向抄列本账户结转下年的余额。 （ ）

49. 账簿的更换是指在会计年度终了时,将本年度的账簿更换为次年度新账簿的工作。 （ ）

50. 账簿在保管期限未满前也可以销毁。 （ ）

四、会计实务题

开西公司2019年8月发生以下现金收付业务:

(1)8月1日,经主管财务的副总经理桂刚批准,出纳员金夏从期初结存的现金中付给郑来宁2 000元,赴沈阳参加东北地区纺织品贸易洽谈会。郑来宁已填制差旅费借款单,借款单交会计李梅编制现金付款凭证。财务稽核人员姜平已对相关单据进行稽核,财务部门负责人为谢意。

(2)8月2日,销售处销售给大众商场采购员郗春佳君牌男、女西服各100套,每套售价300元,增值税税率为13%,价税款全以现金形式收妥。经销售处长赵月批准,销售处李有开出提货单经郗春签字提货,金夏开给大众商场增值税专用发票一张。将相关单据交会计李梅编制现金收款凭证。财务稽核人员姜平已对相关单据进行稽核,仓库保管员为吴常。大众商场的地址为××市人民路23号,联系电话为4710123,纳税人识别号为913300004589321123,开户银行为工商银行××分行,银行账号为10320034567。开西公司的地址为××市人民路27号,联系电话为4710132,纳税人识别号为913200004589321145,开户银行为工商银行××分行,银行账号为26780034587。

(3)8月2日下午下班前,金夏将超过库存限额的现金69 200元(全为100元券)在填写好现金缴款单后送存××市城市商业银行中山支行的0162199950515账号内。8月3日,金夏将相关单据交会计李梅编制现金付款凭证。财务稽核人员姜平已对相关单据进行稽核。

(4)8月8日,郑来宁出差归来,经桂刚批准,共报销差旅费等2 793元(其中,火车票款120元,住宿费1 400元,会务费1 100元,电话费等102元,按财务制度规定,郑来宁出差期间的交通补贴为16元,途中伙食补贴为20元,住勤伙食补贴为35元)。金夏补付现金793元,将相关单据交会计李梅编制现金付款凭证。财务稽核人员姜平已对相关单据进行稽核。

(5)8月15日,金夏开出现金支票一张(支票号为№0019950518)从××市城市商业银行中山支行的0162199950515账号内提取现金793元,补足库存现金。金夏将支票存根交会计李梅编制银行存款付款凭证。财务稽核人员姜平已对相关单据进行稽核。

要求:制作相关原始凭证、记账凭证,并分别登记库存现金日记账和银行存款日记账(假设现金的期初余额为6 784元,银行存款的期初余额为102 302元)。

借 款 单

№ 0049770

借款部门: 年 月 日   业务授权人:

人民币(大写)				¥_____	
用途				财务部门	借款部门
付款方式		票据号码		负责人	负责人
收款单位		开户银行		审核	借款人
		账号		记账	经办人

付款记账凭证

年　月　日　　　　凭证编号　　　出纳编号

| | | | | | 贷方科目 | | | | | | | | | |

摘　要	结算方式	票号	借方科目		金　额										过账符号
			总账科目	明细科目	亿	千	百	十	万	千	百	十	元	角	分	
附单据　　　张			合　计													

会计主管人员　　　记账　　　稽核　　　制单　　　出纳　　　领款人

开西公司提货单　　　　　　　　　　　　　　　№ 00995

年　月　日

品　名	单　位	数量	单　价	金　额	备　注

批准人：　　　　开票：　　　　　保管员：　　　　提货人：

××增值税专用发票　　　　　　　　　　　No 00443811

开票日期：　　年　　月　　日

购货单位	名　称					税务登记号										
	地址、电话					开户银行及账号										

货物或应税劳务名称	型号规格	计量单位	数量	单价	金　额									税率(%)	税　额							
					百	十	万	千	百	十	元	角	分		十	万	千	百	十	元	角	分
合　计																						

价税合计	佰　拾　万　仟　佰　拾　元　角　分　¥_____
备　注	

销货单位	名　称		税务登记号										
	地址、电话		开户银行及账号										

此联不作报销、扣税凭证使用

第四联：记账联，销货方作为记账凭证，不作为报销和扣税凭证

收款记账凭证

凭证编号　　　　出纳编号

借方科目	

年　　月　　日

摘　要	结算方式	票号	贷方科目		金　额										过账符号
			总账科目	明细科目	亿	千	百	十	万	千	百	十	元	角	分	
附单据　　　　张		合　计														

会计主管人员　　　记账　　　稽核　　　制单　　　出纳　　　领款人

所附单据　　　张

现金缴款单

券种	张数			本次缴款记录			
壹佰元				多款		已退回	
伍拾元				少款		已补缴	
拾元		缴款单位	全　称		账　号		
伍元			开户银行		款项来源		
贰元		人民币(大写)		百 十 万 千 百 十 元 角 分			
壹元							
伍角					出纳复核员	出纳收款员	
贰角							
壹角							
伍分		现金收讫					
贰分					会计复核员	记账员	
壹分							
合计							

付款记账凭证　　凭证编号　　　出纳编号

年　月　日　　贷方科目

摘　要	结算方式	票号	借方科目		金　额									过账符号
			总账科目	明细科目	亿	千	百	十	万	千	百	十	元 角 分	
附单据	张	合　计												

会计主管人员　　　记账　　　稽核　　　制单　　　出纳　　　领款人

差旅费报销单
年　月　日

姓　名				地　点											
出　发			到　达				车船费	途中伙食补助		住勤伙食补助		其　他			合　计
月	日	时分	地点	月	日	时分	地点	日数	金额	日数	金额	车马费	宿费	其他	
合　计															
报销　年　月　日　借款　　元。结余或超支　　元								报销金额(大写)　　　￥_____							

会计主管　　　　审核　　　　制单　　　　部门主管　　　　公出人

转账记账凭证
年　月　日　　　　　凭证编号_____

摘　要	借方科目		贷方科目		金　额										过账符号
	总账科目	明细科目	总账科目	明细科目	亿	千	百	十	万	千	百	十	元	角	分	
附单据　　　张			合　计													

会计主管人员　　　　　　记账　　　　　　稽核　　　　　制单

×市城市商业银行现金支票存根

支票号码＿＿＿＿＿＿＿＿＿＿
科　目＿＿＿＿＿＿＿＿＿＿
对方科目＿＿＿＿＿＿＿＿＿＿
签发日期　　年　　月　　日

| 收款人： |
| 金　额： |
| 用　途： |
| 备　注： |

单位主管：
会　计：
复　核：
记　账：

付款期限自出票之日起十天

现金交款单

◎＿＿＿＿＿＿＿开户行名称

市城市商业银行现金支票　　　签发人账号

签发日期　　年　　月　　日

收款人　　　　　　　　支票号码

人民币 （大写）	千	百	十	万	千	百	十	元	角	分				

用途＿＿＿＿＿＿＿＿＿
上列款项请从我账户内支付
（银行会计处理项目略）

凭证编号　　　　　出纳编号

借方科目

付款记账凭证

年　　月　　日

摘　要	结算 方式	票号	贷方科目		金　额										过账 符号
			总账科目	明细科目	亿	千	百	十	万	千	百	十	元	角	分	
附单据　　　　张			合　计													

所附单据　　张

会计主管人员　　　记账　　　稽核　　　制单　　　出纳　　　领款人

现金日记账

年		凭证号	摘要	对方科目	借　方								贷　方								核过账号	借借或贷	余　额							
月	日																													

第九章　财产清查

一、单选题

1. 下列各项中,企业进行库存现金清查时可能涉及的是(　　)。
   A. 企业内部的财会部门
   B. 企业内部的实物财产使用部门
   C. 企业内部的实物财产保管部门
   D. 企业的开户银行

2. 下列各项中,企业进行银行存款清查时可能涉及的企业外部单位是(　　)。
   A. 企业的财会部门
   B. 企业的实物财产使用部门
   C. 企业的实物财产保管部门
   D. 企业的开户银行

3. 下列各项中,属于财产清查按清查范围分类的是(　　)。
   A. 外部清查　　　B. 定期清查　　　C. 局部清查　　　D. 内部清查

4. 下列各项中,属于财产清查按清查时间分类的是(　　)。
   A. 外部清查　　　B. 定期清查　　　C. 局部清查　　　D. 全部清查

5. 下列各项中,属于财产清查按清查单位分类的是(　　)。
   A. 外部清查　　　B. 定期清查　　　C. 局部清查　　　D. 全部清查

6. 下列各项中,不属于企业财产清查意义的是(　　)。
   A. 保证凭证记载真实准确
   B. 确保账实相符
   C. 真实反映企业的财务状况
   D. 确保财务报告质量

7. 在财产清查中,属于会计部门应做好的主要准备工作是(　　)。
   A. 账簿资料准备　　B. 物资整理准备　　C. 清查工具准备　　D. 登记表格准备

8. 在财产清查中,属于物资保管部门应做好的主要准备工作是(　　)。
   A. 账簿资料准备　　B. 物资整理准备　　C. 清查量具准备　　D. 登记表格准备

9. 下列各项中,不属于货币资金清查和存货清查的是(　　)。
   A. 库存现金清查　　B. 银行存款清查　　C. 库存材料清查　　D. 固定资产清查

10. 对在库存现金清查中发现的实存金额多于其账存金额的情况,可称为(　　)。
    A. 收入　　　　B. 长款　　　　C. 短款　　　　D. 盘亏

11. 对在库存现金清查中发现的实存金额少于其账存金额的情况,可称为(　　)。
    A. 费用　　　　B. 长款　　　　C. 盘盈　　　　D. 盘亏

12. 在财产清查中,若发现存在未达账项时,应编制(　　)。
    A. 发生额及余额试算表
    B. 材料采购成本计算表
    C. 银行存款余额调节表
    D. 完工产品成本计算表

13. 在银行存款余额调节表中,表明企业可以动用存款数的是(　　)。
    A. 企业已收银行未收款项
    B. 银行存款日记账余额
    C. 银行对账单余额
    D. 调节以后的存款余额

14. 下列各项中,属于银行未达账项的是(　　)。

A. 企业与银行均已收付款项　　　　B. 银行已收企业未收款项

C. 企业已付银行未付款项　　　　D. 银行已付企业未付款项

15. 下列各项中,属于企业未达账项的是( )。

A. 银行与企业均未收付款项　　　　B. 企业已收银行未收款项

C. 企业已付银行未付款项　　　　D. 银行已付企业未付款项

16. 下列各项中,不属于企业存货的是( )。

A. 库存现金　　B. 库存商品　　C. 库存材料　　D. 在产品

17. 下列各项中,属于企业存货的是( )。

A. 交易性金融资产　B. 应收账款　　C. 在产品　　D. 库存现金

18. 在财产清查中,存货盘存制度要确定的是财产物资的( )。

A. 增加数量　　B. 减少金额　　C. 结存数量　　D. 结存金额

19. 下列各项中,不属于企业用来进行期末存货盘存的是( )。

A. 权责发生制　　B. 永续盘存制　　C. 账面盘存制　　D. 实地盘存制

20. 在财产清查中,通过设置存货明细账,可随时结出存货结存数量的盘存方法称为
( )。

A. 权责发生制　　B. 永续盘存制　　C. 收付实现制　　D. 实地盘存制

21. 在财产清查中,虽然也设置存货明细账,但不能随时结出存货结存数量的盘存方
法称为( )。

A. 权责发生制　　B. 永续盘存制　　C. 收付实现制　　D. 实地盘存制

22. 下列各项中,属于永续盘存制的缺点的是( )。

A. 便于随时掌握财产的占用情况及其动态

B. 有利于企业加强对财产物资的管理

C. 存货明细分类核算工作量较大

D. 有利于实施对存货的控制

23. 在对下列各种存货进行清查时,一般不可采用全面盘点法的是( )。

A. 库存原材料　　　　　　　　B. 库存包装物

C. 库存商品　　　　　　　　D. 零散堆放的大宗材料

24. 在对下列各种存货进行清查时,可采用抽样盘点法的是( )。

A. 委托外单位加工的存货　　　　B. 重量、体积等比较均衡的存货

C. 零散堆放的大宗材料　　　　D. 委托外单位保管的存货

25. 在对下列各种存货进行清查时,可采用函证核对法的是( )。

A. 库存商品　　　　　　　　B. 重量、体积等比较均衡的存货

C. 零散堆放的大宗材料　　　　D. 委托外单位加工的存货

二、多选题

1. 在下列单位和部门中,企业进行财产清查可能涉及的有( )。

A. 企业内部的财会部门　　　　B. 企业内部的财产使用部门

C. 企业的开户银行　　　　　　D. 企业内部的财产保管部门

E. 企业的债务人

2. 在下列单位和部门中,企业进行实物资产清查可能涉及的有(　　)。

    A. 企业的债权人　　　　　　　　　　B. 企业内部的财产使用部门

    C. 企业的开户银行　　　　　　　　　D. 企业内部的财产保管部门

    E. 企业的债务人

3. 在下列单位和部门中,企业进行债权债务清查可能涉及的有(　　)。

    A. 企业内部的财产保管部门　　　　　B. 企业内部的财产使用部门

    C. 企业的开户银行　　　　　　　　　D. 企业的债权人

    E. 企业的债务人

4. 财产清查按清查范围分类,可分为(　　)。

    A. 全部清查　　　　B. 定期清查　　　　C. 局部清查　　　　D. 内部清查

    E. 不定期清查

5. 财产清查按清查时间分类,可分为(　　)。

    A. 全部清查　　　　B. 定期清查　　　　C. 局部清查　　　　D. 不定期清查

    E. 内部清查

6. 财产清查按清查单位分类,可分为(　　)。

    A. 全部清查　　　　B. 定期清查　　　　C. 外部清查　　　　D. 内部清查

    E. 局部清查

7. 下列各项中,属于企业财产清查意义的有(　　)。

    A. 保证账簿记录真实准确　　　　　　B. 确保账证相符

    C. 真实反映企业的财务状况　　　　　D. 确保财务报告质量

    E. 确保账实相符

8. 在财产清查中,清查小组担负的主要任务有(　　)。

    A. 制订清查计划　　　　　　　　　　B. 安排清查步骤

    C. 配备清查人员　　　　　　　　　　D. 解决清查中出现的问题

    E. 做出清查总结

9. 下列各项中,属于货币资金清查具体内容的有(　　)。

    A. 库存现金清查　　　　　　　　　　B. 银行存款清查

    C. 库存材料清查　　　　　　　　　　D. 固定资产清查

    E. 债权债务清查

10. 对在库存现金清查中发现的实存金额少于其账存金额的情况,可称为(　　)。

    A. 费用　　　　　　B. 长款　　　　　　C. 短款　　　　　　D. 盘盈

    E. 盘亏

11. 对在库存现金清查中发现的实存金额多于其账存金额的情况,可称为(　　)。

    A. 长款　　　　　　B. 短款　　　　　　C. 盘盈　　　　　　D. 收入

    E. 盘亏

12. 从企业的角度来看,属于未达账项的有(　　)。

    A. 企业已收银行未收款项　　　　　　B. 银行已收企业未收款项

    C. 银行已付企业未付款项　　　　　　D. 企业已付银行未付款项

E. 银行与企业均未收付款项

13. 从银行的角度来看,属于未达账项的有(   )。

    A. 企业已收银行未收款项
        B. 银行已收企业未收款项

    C. 企业已付银行未付款项
        D. 银行已付企业未付款项

    E. 银行与企业均已收付款项

14. 下列各项中,属于存货清查具体内容的有(   )。

    A. 库存现金清查
        B. 库存商品清查

    C. 库存材料清查
        D. 银行存款清查

    E. 在产品清查

15. 下列做法中,企业可以用来进行期末存货盘存的有(   )。

    A. 权责发生制
    B. 永续盘存制
    C. 收付实现制
    D. 实地盘存制

    E. 应收应付制

16. 在财产清查中,所采用的永续盘存制的主要特点有(   )。

    A. 设置有关存货明细分类账
        B. 逐笔登记存货的收入数量

    C. 逐笔登记存货的发出数量
        D. 平时不登记存货的发出数量

    E. 可随时结出存货的结存数量

17. 下列各项中,属于永续盘存制的优点的有(   )。

    A. 便于随时掌握财产的占用情况及其动态

    B. 存货明细分类核算工作量较大

    C. 有利于企业加强对财产物资的管理

    D. 有利于实施对存货的控制

    E. 为绝大多数企业所采用

18. 下列各种方法中,适用于企业存货的清查方法有(   )。

    A. 全面盘点法
        B. 技术推算法

    C. 抽样盘存法
        D. 与对账单核对法

    E. 函证核对法

19. 在对下列各种存货进行清查时,可采用全面盘点法的有(   )。

    A. 原材料
    B. 包装物
    C. 在产品
    D. 库存商品

    E. 零散堆放的大宗材料

20. 在对下列各种存货进行清查时,可采用抽样盘点法的有(   )。

    A. 数量比较多的存货
        B. 重量比较均衡的存货

    C. 零散堆放的大宗存货
        D. 委托外单位加工的存货

    E. 体积比较均衡的存货

21. 在对下列各种存货进行清查时,可采用函证核对法的有(   )。

    A. 委托外单位保管的存货
        B. 重量比较均衡的存货

    C. 零散堆放的大宗存货
        D. 委托外单位加工的存货

    E. 体积比较均衡的存货

22. 下列各项中,不属于财产清查结果的是(   )。

A. 库存现金清查结果　　　　　　　　B. 库存材料清查结果

C. 未收款的未达账项　　　　　　　　D. 未付款的未达账项

E. 固定资产清查结果

23. 下列各项中,属于财产清查结果处理主要步骤的有(　　)。

A. 清查各种财产,确保账实相符　　　B. 报经批准之前,核销盘盈盘亏

C. 核准盈亏金额,提出处理意见　　　D. 调整账簿记录,做到账实相符

E. 报经批准以后,核销盘盈、盘亏

24. 下列各项财产清查结果中,经批准以后可以计入企业当期管理费用的有(　　)。

A. 流动资产的盘盈

B. 流动资产的定额内合理损耗

C. 应由过失人或保险公司赔偿,扣除赔偿款和残料价值后的部分

D. 非正常损失造成的实物资产的毁损

E. 固定资产的盘亏

25. 下列表单中,可作为货币资金和实物资产清查结果处理原始凭证的有(　　)。

A. 库存现金盘点报告表　　　　　　　B. 财产物资盘存单

C. 银行存款余额调节表　　　　　　　D. 银行对账单

E. 账存实存对比表

三、判断题

1. 财产清查是指对各种实物资产的清查。　　　　　　　　　　　　　　(　　)

2. 在财产清查中,需要将清查盘点的结果与相关的账簿记录资料进行核对,这里所说的相关账簿指的是总分类账簿。　　　　　　　　　　　　　　　　　　(　　)

3. 财产清查是在账簿中对交易或事项既反映其价值量又反映其实物量的一种方法。

(　　)

4. 对库存现金清查的基本方法是将库存现金日记账与银行对账单进行核对。

(　　)

5. 企业对银行存款的清查应在企业内部进行。　　　　　　　　　　　　(　　)

6. 未达账项是指企业与其客户或供应商之间对于同一项交易或事项,一方已经登记入账,另一方由于没有接到有关结算凭证而暂时尚未登记入账的款项。　　　(　　)

7. 银行存款余额调节表可以作为调整账户记录的原始凭证。　　　　　　(　　)

8. 银行存款余额调节表中调整后的余额是企业可以支用存款的最高数额。(　　)

9. 在采用永续盘存制的企业,可以不再进行存货的实地盘点。　　　　　(　　)

10. 对固定资产进行清查时,一般应采用全面盘点法。　　　　　　　　(　　)

11. 在会计上需要处理的财产清查结果只是盘盈和盘亏两个方面。　　　(　　)

12. 在财产清查过程中所确认的企业无法支付的款项,是指企业应当支付,但由于各种原因而无法向债务人支付的款项。　　　　　　　　　　　　　　　　　(　　)

13. 在将财产清查结果报经批准前,会计人员可以调整账簿记录,核销盘盈、盘亏。

(　　)

14. 财产清查结果的账务处理都必须利用"待处理财产损溢"账户。　　(　　)

15. 对可能无法收回的应收款项提取坏账准备的做法,体现了会计信息质量要求中的可靠性要求。   (   )

四、会计实务题

1. 练习货币资金清查与核算方法。

假定鸿达公司 2019 年 10 月发生以下交易或事项:

(1) 在库存现金清查中发现长款(盘盈)80 元,未查明原因,经批准后转作企业的营业外收入(提示:按批准前后两个环节处理)。

(2) 在库存现金清查中发现短款(盘亏)200 元,经查明属于出纳员的保管责任,应由出纳员赔偿(提示:按批准前后两个环节处理)。

(3) 10 月 31 日,接到开户银行转来的对账单,余额为 148 000 元;当日"银行存款日记账"的余额为 112 000 元。经核对发现有四笔未达账项:

① 10 月 28 日,企业收到购货方开出的用于支付货款 4 000 元的转账支票 1 张。企业已记银行存款增加,但银行尚未记企业存款增加。

② 10 月 29 日,企业开出转账支票支付购货款 36 000 元,持票人尚未到银行办理转账手续。企业已记银行存款减少,但银行尚未记企业存款减少。

③ 10 月 29 日,银行代企业收到某购货企业汇来的购货款 20 000 元。银行已记企业存款增加,但企业尚未记银行存款增加。

④ 10 月 30 日,银行从企业的存款中代企业支付水电费 16 000 元。银行已记企业存款减少,但企业尚未记银行存款减少。

要求:

(1) 根据资料(1)和(2)确定应填制的专用记账凭证,并编制相应的会计分录。

(2) 根据资料(3)编制银行存款余额调节表。

2. 练习实物资产清查结果的核算方法。

假定鸿达公司 2019 年 10 月发生以下交易或事项:

(1) 在对存货的清查中发现盘盈钢材 20 千克。经查明是由于收发材料时量具不准确造成的,按每千克 5 元入账。经批准冲减企业的管理费用。

(2) 在对存货的清查中发现盘亏 N 产品 10 千克,实际成本为 1 000 元。经查明属于定额内的合理损耗。经批准增加企业的管理费用。

(3) 在对存货的清查中发现盘亏甲材料一批,实际成本为 1 100 元。经查明属于过失人造成的材料毁损,应由过失人赔偿 800 元,残料验收入库作价 100 元。扣除过失人赔偿和残料价值后的 200 元经批准计入企业的管理费用。

(4) 在对存货的清查中发现盘亏 B 材料一批,实际成本为 8 000 元。经查明属于非常事故造成的材料毁损。经批准计入企业的营业外支出。

(5) 在对固定资产的清查中发现盘亏设备一台,其账面原价为 100 000 元,累计折旧为 80 000 元。经批准转作企业的营业外支出。

要求:根据以上资料确定应填制的专用记账凭证,并编制相应的会计分录。

第十章 财务会计报告

一、单选题

1. 会计报表不包括（　　）。

    A. 资产负债表　　　B. 利润表　　　　　C. 现金流量表　　　D. 财务情况说明书

2. 资产负债表日后的非调整事项，应在（　　）中披露。

    A. 资产负债表　　　B. 现金流量表　　　C. 会计报表附注　D. 财务情况说明书

3. 会计政策变更的内容和理由应在（　　）中披露。

    A. 资产负债表　　　B. 现金流量表　　　C. 会计报表附注　D. 财务情况说明书

4. 编制现金流量表时，企业支付的销售人员的差旅费应在（　　）项目反映。

    A. 购买商品、接受劳务支付的现金　　B. 支付给职工以及为职工支付的现金

    C. 支付的其他与经营活动有关的现金　D. 销售商品、提供劳务所收到的现金

5. （　　）需要根据备查登记簿记录填列。

    A. 货币资金

    B. 应收账款

    C. 预收账款

    D. 会计报表附注中的"已贴现的商业承兑汇票"

6. 计提坏账准备的计提比例较大的，应在会计报表附注中单独说明计提的比例及其理由。这里所说的计提比例较大，是指在（　　）以上。

    A. 20%　　　　　　B. 30%　　　　　　C. 40%　　　　　　D. 50%

7. 企业计提的折旧（　　）。

    A. 在投资活动的现金流量中反映

    B. 在筹资活动的现金流量中反映

    C. 在经营活动的现金流量中反映

    D. 因不影响现金流量净额，所以不在上述三种活动的现金流量中反映

8. 会计报表中没有规定统一格式的报表是（　　）。

    A. 汇总报表　　　B. 动态报表　　　C. 内部报表　　　D. 静态报表

9. 资产负债表中资产的排列顺序是按（　　）

    A. 项目的收益性　B. 项目的重要性　C. 项目的流动性　D. 项目的时间性

10. 所有者权益内部各个项目按（　　）排列。

    A. 重要性　　　　B. 稳定性　　　　C. 流动性　　　　D. 时间性

11. "应付账款"科目所属明细科目期末如有借方余额，应在资产负债表中的（　　）项目内反映。

    A. 应付账款　　　B. 预付账款　　　C. 预收账款　　　D. 应收账款

12. 资产负债表中的"应收票据"项目包括（　　）。

A. 已向银行贴现的应收票据 　　　　B. 已背书转让的应收票据

C. 银行承兑汇票和商业承兑汇票 　　D. 银行本票

13. "应收账款"科目所属明细科目期末有贷方余额,应在资产负债表中的(　　)项目内填列。

A. 预收账款 　　B. 预付账款 　　C. 应付账款 　　D. 其他应付款

14. "预付账款"科目所属明细科目期末有贷方余额,应在资产负债表中的(　　)项目内填列。

A. 预付账款 　　B. 应付账款 　　C. 预收账款 　　D. 应收账款

15. 下列资产负债表项目中,应根据多个账户期末余额分析填列的是(　　)项目。

A. 应交税金 　　B. 存货 　　C. 长期借款 　　D. 盈余公积

16. 企业的(　　),不在资产负债表中的"货币资金"项目内反映。

A. 银行汇票存款 　　B. 银行本票存款 　　C. 在途资金 　　D. 有价证券

17. 资产负债表是反映(　　)的报表。

A. 企业某一特定日期生产经营成果 　　B. 企业一定期间的财务状况

C. 企业某一特定日期财务状况 　　D. 企业一定期间生产经营成果

18. 企业收到退回的增值税应在利润表中的(　　)项目反映。

A. 补贴收入 　　　　　　　　B. 营业外收入

C. 其他业务收入 　　　　　　D. 主营业务收入

19. 在编制现金流量表时,所谓的"直接法"和"间接法"是针对(　　)而言的。

A. 投资活动的现金流量 　　　　B. 经营活动的现金流量

C. 筹资活动的现金流量 　　　　D. 上述三种活动的现金流量

20. 某企业会计年度的期末"应收账款"账户所属明细账户借方余额之和为 500 800 元,所属明细账户贷方余额之和为 9 800 元,总账为借方余额 491 000 元。则在当期资产负债表中"应收账款"项目所列的数额为(　　)元。

A. 500 800 　　B. 9 800 　　C. 491 000 　　D. 510 600

21. 资产负债表中负债和所有者权益是按(　　)顺序排列的。

A. 权益 　　B. 流动性 　　C. 重要性 　　D. 时间性

22. 下列各项中,不在"存货"项目中反映的是(　　)。

A. 工程物资 　　　　　　　　B. 分期收款发出商品

C. 委托代销商品 　　　　　　D. 原材料

23. 资产负债表中的"未分配利润"项目应(　　)。

A. 根据"本年利润"科目的余额填列

B. 根据"利润分配"科目的余额填列

C. 根据"利润分配——未分配利润"科目的发生额填列

D. 根据"本年利润"和"利润分配"科目的余额计算填列

24. 将于一年内到期的长期债券投资,在资产负债表中应(　　)

A. 在"短期投资"项目下列示

B. 在"长期投资"项目下列示

C. 既在"短期投资"项目下列示,又在"长期投资"项目下列示

D. 在流动资产类下单独设置"一年内到期的长期债券投资"项目加以反映

25. 企业期末"生产成本"账户的借方余额,应作为资产负债表中的(   )项目反映。

A. 长期待摊费用　B. 生产成本　　　　C. 在产品　　　　D. 存货

二、多选题

1. 流动比率为0.8,赊销一批货物,售价高于成本,则结果导致(   )。

A. 流动比率提高　B. 速动比率提高　C. 流动比率不变　D. 流动比率降低

2. 已知甲公司2019年年末负债总额为800万元,资产总额为2 000万元,无形资产净值为150万元,2019年利息费用为120万元,净利润为500万元,所得税为180万元,则(   )。

A. 2019年年末权益乘数为2.5

B. 2019年年末产权比率为2/3

C. 2019年年末有形净值债务率为76.19%

D. 2019年已获利息倍数为6.67

3. 下列各项中,不会导致企业资产负债率变化的是(   )。

A. 收回应收账款

B. 用现金购买债券

C. 接受所有者投资转入的固定资产

D. 以固定资产对外投资(按账面价值作价)

4. 在企业速动比率小于1时,会引起该指标上升的经济业务是(   )。

A. 借入短期借款　　　　　　　B. 赊销了一批产品

C. 支付应付账款　　　　　　　D. 收回应收账款

5. 以低于账面价值的价格出售固定资产,将会(   )。

A. 对流动资产的影响大于对速动资产的影响

B. 增加营运资金

C. 减少当期损益

D. 降低资产负债率

6. 下列各项中,应包括在资产负债表中"存货"项目的有(   )。

A. 委托代销商品　　　　　　　B. 委托加工物资

C. 正在加工中的在产品　　　　D. 发出商品

7. 下列资产负债表项目中,根据总账科目余额直接填列的有(   )项目。

A. 短期借款　　　B. 实收资本　　　C. 应收票据　　　D. 应收账款

8. 资产负债表中的"一年内到期的非流动负债"项目应当根据(   )科目贷方余额分析填列。

A. 长期借款　　　B. 长期应付款　　　C. 应付账款　　　D. 应付债券

9. 下列各资产负债表项目中,应根据明细科目余额计算填列的有(   )项目。

A. 应收票据　　　B. 预收款项　　　C. 应收账款　　　D. 应付账款

10. 下列有关资产负债表的作用的表述中,正确的有(   )。

A. 通过编制资产负债表可以反映企业资产的构成及其状况

B. 通过编制资产负债表可以分析企业的偿债能力

C. 通过编制资产负债表可以分析企业的获利能力

D. 通过编制资产负债表可以反映企业所有者权益的情况

11. 下列各项中,影响企业营业利润的有(　　)项目。

    A. 销售费用　　　　B. 管理费用　　　　C. 投资收益　　　　D. 所得税费用

12. 下列各项中,属于资产负债表中"流动资产"项目的有(　　)项目。

    A. 预付款项　　　　B. 应收票据　　　　C. 预收款项　　　　D. 存货

13. 资产负债表中的"应付账款"项目,应根据(　　)填列。

    A. 应付账款所属明细账借方余额合计数

    B. 应付账款总账余额

    C. 预付账款所属明细账贷方余额合计数

    D. 应付账款所属明细账贷方余额合计数

14. 资产负债表中"存货"项目的金额,应根据(　　)账户的余额分析填列。

    A. 生产成本　　　　B. 商品进销差价　　　　C. 发出商品　　　　D. 材料采购

15. 下列各项中,影响营业利润的有(　　)项目。

    A. 已销商品成本　　　　　　　　B. 原材料销售收入

    C. 出售固定资产净收益　　　　　D. 转让股票所得收益

16. 下列各项中,可以通过资产负债表反映的有(　　)。

    A. 某一时点的财务状况　　　　　B. 某一时点的偿债能力

    C. 某一期间的经营成果　　　　　D. 某一期间的获利能力

17. 下列各项中,属于筹资活动产生的现金流量的有(　　)。

    A. 支付的现金股利　　　　　　　B. 取得短期借款

    C. 增发股票收到的现金　　　　　D. 偿还公司债券支付的现金

18. 下列交易和事项中,不影响当期经营活动产生的现金流量的有(　　)。

    A. 用产成品偿还短期借款　　　　B. 支付管理人员工资

    C. 收到被投资单位利润　　　　　D. 支付各项税费

19. 下列各项中,属于现金流量表中现金的有(　　)。

    A. 银行存款　　　　B. 银行汇票存款　　　　C. 库存现金　　　　D. 现金等价物

20. 下列各项中,属于现金流量表中投资活动产生的现金流量的有(　　)。

    A. 购建固定资产支付的现金

    B. 转让无形资产所有权收到的现金

    C. 购买3个月内到期的国库券支付的现金

    D. 收到分派的现金股利

21. 下列资产中,属于流动资产的有(　　)。

    A. 交易性金融资产　　　　　　　B. 一年内到期的非流动资产

    C. 预付款项　　　　　　　　　　D. 开发支出

22. (　　)属于筹资活动产生的现金流量。

A. 借款收到的现金 　　　　　　　 B. 用固定资产清偿债务

C. 偿付利息所支付的现金 　　　　　 D. 取得债券利息收入所收到的现金

23. 企业会计报表附注应包括（　　）。

A. 不符合基本会计假设的说明 　　　 B. 主要的会计政策

C. 会计报表项目注释 　　　　　　　 D. 分部情况

24. "收回投资所收到的现金"项目反映（　　）。

A. 企业出售长期股权投资收到的现金

B. 企业收回长期债权投资本金收到的现金

C. 企业收回长期债权投资利息收到的现金

D. 企业收回用于长期投资的固定资产

25. 下列各项中，属于筹资活动产生的现金流量的有（　　）。

A. 购买固定资产所支付的现金 　　　 B. 工程交付使用前的利息支出

C. 融资租赁所支付的现金 　　　　　 D. 经营租赁所支付的现金

三、判断题

1. "长期借款"项目应根据"长期借款"总账科目的余额填列。（　　）

2. 利润表是指反映企业在一定会计期间的经营成果的报表。（　　）

3. 资产负债表中的"应收账款"项目应根据应收账款所属明细账借方余额合计数、预收账款所属明细账借方余额合计数和坏账准备总账的贷方余额计算填列。（　　）

4. 增值税应在利润表的"税金及附加"项目中反映。（　　）

5. "应付职工薪酬"项目反映企业根据有关规定应付给职工的工资、职工福利费、社会保险费、住房公积金、工会经费、职工教育经费，但不包括非货币性福利、辞退福利等薪酬。（　　）

6. 外商投资企业按规定从净利润中提取的职工奖励及福利基金应在"应付职工薪酬"项目列示。（　　）

7. "预收款项"项目应根据"预收账款"和"应收账款"科目所属各明细科目的期末贷方余额合计数填列。如"预收账款"科目所属各明细科目期末有借方余额，应在资产负债表中的"应付账款"项目内填列。（　　）

8. "应付账款"项目应根据"应付账款"和"预付账款"科目所属各明细科目的期末贷方余额合计数填列。如"应付账款"科目所属明细科目期末有借方余额，应在资产负债表中的"预付款项"项目内填列。（　　）

9. "预付账款"科目所属各明细科目期末有贷方余额，应在资产负债表中的"应收账款"项目内填列。（　　）

10. 资产负债表中"应付账款""预付款项"项目应直接根据该科目的总账余额填列。（　　）

11. 资产负债表中确认的资产都是企业拥有的。（　　）

12. 资产负债表中的"应付账款"项目应根据应付账款和预收账款所属明细账贷方余额合计数填列。（　　）

13. 如果"固定资产清理"科目出现借方余额，应在资产负债表中的"固定资产清理"

项目中以负数填列。　　　　　　　　　　　　　　　　　　　　　　　（　　）

14. 资产负债表中的"长期待摊费用"项目应根据"长期待摊费用"科目的期末余额直接填列。　　　　　　　　　　　　　　　　　　　　　　　　　　　　（　　）

15. "利润分配"账户的年末余额不一定与相应的资产负债表中的"未分配利润"项目的数额一致。　　　　　　　　　　　　　　　　　　　　　　　　　　（　　）

四、会计实务题

1. 甲公司 2019 年度"主营业务收入"科目的贷方发生额为 5 000 万元,借方发生额为 100 万元(系 10 月份发生的购买方退货);"其他业务收入"科目的贷方发生额为 300 万元;"主营业务成本"科目的借方发生额为 4 000 万元,2019 年 10 月 10 日,收到购买方退货,其成本为 60 万元;"其他业务成本"科目的借方发生额为 200 万元。2019 年 12 月 10 日,由于质量问题被退回一批销售给某单位的产品,其收入为 60 万元,成本为 40 万元。

要求:根据上述资料,计算利润表中的"营业收入"和"营业成本"项目的金额。

2. 甲公司 2019 年 12 月 31 日结账后有关科目余额如下表所示。

甲公司 2019 年 12 月 31 日结账后的科目余额　　　　　　　　　　　　　元

科目名称	借方余额	贷　方
应收账款	600	40
坏账准备		80
预收账款	100	800
应付账款	20	400
预付账款	320	60

要求:根据上述资料,计算资产负债表中"应收账款""预付账款""应付账款""预收账款"项目的金额。

3. 乙公司 2019 年 12 月 31 日的有关资料如下:

(1) 长期借款资料见下表。

乙公司 2019 年 12 月 31 日的长期借款资料　　　　　　　　　　　　　万元

借款起始日期	借款期限/年	金　额
2019 年 1 月 1 日	3	300
2018 年 1 月 1 日	5	600
2017 年 1 月 1 日	4	450

(2) "长期待摊费用"项目的期末余额为 50 万元,将于一年内摊销的数额为 20 万元。

要求:

(1) 计算资产负债表中"长期借款"项目的金额;

(2) 计算资产负债表中长期借款中应列入"一年内到期的非流动负债"项目的金额;

(3) 计算资产负债表中"长期待摊费用"项目的金额;

(4) 计算资产负债表中长期待摊费用中应列入"一年内到期的非流动资产"项目的

金额。

4. 某工业企业为增值税一般纳税人,适用的增值税税率为 13%,所得税税率为 25%。该企业 2019 年度有关资料如下:

(1) 本年度内发出产品 50 000 件,其中对外销售 45 000 件,其余为在建工程领用。该产品销售成本为每件 12 元,销售价格为每件 20 元。

(2) 本年度内计入投资收益的债券利息收入为 30 000 元,其中,国债利息收入为 2 500 元。

(3) 本年度内发生管理费用 50 000 元,其中,管理人员工资费用 25 000 元,业务招待费 20 000 元。按税法的规定可在应纳税所得额前扣除的管理人员工资费用为 20 000 元,业务招待费为 15 000 元。

(4) 本年度内补贴收入为 3 000 元(计入当期营业外收入)。按税法的规定应缴纳企业所得税。

要求:

(1) 计算该企业 2019 年度利润表中"营业利润"项目的金额。

(2) 计算该企业 2019 年度利润表中"利润总额"项目的金额。

(3) 计算该企业 2019 年度利润表中"所得税费用"项目的金额。

(4) 计算该企业 2019 年度利润表中"净利润"项目的金额。

5. MT 公司 2018 年年初所有者权益总额为 1 500 万元,该年的资本保值增值率为 125%(该年度没有出现引起所有者权益变化的客观因素)。2019 年年初负债总额为 4 000 万元,所有者权益是负债的 1.5 倍,该年的资本积累率为 150%,年末资产负债率为 0.25,负债的平均利率为 10%,全年固定成本总额为 975 万元,净利润为 1 005 万元,适用的企业所得税税率为 25%。

要求:

(1) 计算 2018 年年末的所有者权益总额。

(2) 计算 2019 年年初的所有者权益总额。

(3) 计算 2019 年年初的资产负债率。

(4) 计算 2019 年年末的所有者权益总额和负债总额。

(5) 计算 2019 年年末的产权比率。

(6) 计算 2019 年的所有者权益平均余额和负债平均余额。

(7) 计算 2019 年的息税前利润。

(8) 计算 2019 年的总资产报酬率。

(9) 计算 2019 年的已获利息倍数。

6. 某企业"应收账款"科目月末借方余额为 40 000 元,其中,"应收账款——甲公司"明细科目的借方余额为 60 000 元,"应收账款——乙公司"明细科目的贷方余额为 20 000 元。"预收账款"科目月末贷方余额为 15 000 元,其中,"预收账款——A 厂"明细科目的贷方余额为 25 000 元,"预收账款——B 厂"明细科目的借方余额为 10 000 元。

要求:计算该企业月末资产负债表中"应收账款"项目的金额。

7. 某企业应收账款明细账借方余额为 160 000 元,贷方余额为 70 000 元,坏账准备为 500 元。

要求:计算资产负债表中"应收账款净额"项目的金额。

8. 某公司发生如下经济业务:

(1) 销售产品一批,成本为 250 万元,售价为 400 万元,增值税专用发票上注明的税款为 52 万元,货已发出,款已入账;

(2) 出口产品一批,成本为 100 万元,售价为 200 万元,当期收到货款及出口退税 18 万元;

(3) 收回以前年度应收账款 20 万元,并存入银行。

要求:计算该公司本期现金流量表中"销售商品、提供劳务收到的现金"项目的金额。

9. 某企业本期商品销售收入实际收到现金 936 万元,其中增值税销项税额 136 万元,本年度销售退回支出现金 50 万元(不含增值税),收到出口退税 17 万元。

要求:计算该企业销售商品的现金流入额。

五、综合题

甲公司为增值税一般纳税人,适用的增值税税率为 13%,适用的企业所得税税率为 25%。商品销售价格中均不含增值税税额。按每笔销售业务分别结转销售成本。2019 年 6 月,甲公司发生的经济业务及相关资料如下:

(1) 向 A 公司销售商品一批。该批商品的销售价格为 600 000 元,实际成本为 350 000 元。商品已经发出,开具了增值税专用发票,并收到购货方签发并承兑的不带息商业承兑汇票一张,面值 678 000 元。

(2) 委托 B 公司代销商品 1 000 件。代销合同规定,甲公司按已售商品售价的 5% 向 B 公司支付手续费,该批商品的销售价格为 400 元/件,实际成本为 250 元/件。甲公司已将该批商品交付 B 公司。

(3) 甲公司月末收到了 B 公司的代销清单。B 公司已将代销的商品售出 1 000 件,款项尚未支付给甲公司,甲公司向 B 公司开具了增值税专用发票,并按合同规定确认了应向 B 公司支付的代销手续费。

(4) 以交款提货方式向 C 公司销售商品一批。该批商品的销售价格为 100 000 元,实际成本为 60 000 元,提货单和增值税专用发票已交 C 公司,收到款项并存入银行。

(5) 6 月 30 日,交易性金融资产公允价值上升 50 000 元。

(6) 6 月 30 日,计提存货跌价准备 50 000 元。

(7) 除上述经济业务外,甲公司 6 月份有关损益类账户的发生额如下表所示:

元

账户名称	借方发生额	贷方发生额
其他业务收入		30 000
其他业务成本	20 000	
税金及附加	15 000	
管理费用	60 000	

续 表

	账户名称	借方发生额	贷方发生额
财务费用		22 000	
营业外收入		70 000	70 000
营业外支出		18 000	

(8) 计算本月应交企业所得税(假定甲公司不存在纳税调整因素)。

要求:

(1) 编制甲公司上述(1)至(6)和(8)项经济业务相关的会计分录("应交税费"科目要求写出明细科目及专栏)。

(2) 编制甲公司 2019 年 6 月份的利润表。

第十一章 财务处理程序

一、单选题

1. 目前，我国所采用的账务处理程序中最基本的是（ ）。
   A. 记账凭证账务处理程序
   B. 科目汇总表账务处理程序
   C. 汇总记账凭证账务处理程序
   D. 多栏式日记账凭证

2. 直接根据记账凭证逐笔登记总分类账的账务处理程序是（ ）。
   A. 记账凭证账务处理程序
   B. 科目汇总表账务处理程序
   C. 汇总记账凭证账务处理程序
   D. 多栏式日记账账务处理程序

3. 科目汇总表账务处理程序的特点是（ ）。
   A. 根据凭证登记总账
   B. 根据科目汇总表登记总账
   C. 根据记账凭证登记总账
   D. 根据多栏式日记账登记总账

4. 在科目汇总表账务处理程序下，一般应力求编制（ ）记账凭证。
   A. 一借多贷
   B. 多借一贷
   C. 一借一贷
   D. 多借多贷

5. 科目汇总表账务处理程序一般适用于（ ）。
   A. 规模小、业务量小的企业
   B. 规模小、业务量多的单位
   C. 规模大、业务量小的企业
   D. 规模大、业务量多的单位

6. 汇总收款凭证是根据（ ）汇总而编制的。
   A. 汇总记账凭证
   B. 收款凭证
   C. 付款凭证
   D. 转账凭证

7. 汇总付款凭证是根据"库存现金""银行存款"科目的（ ）设置，按借方汇总，定期编制。
   A. 借方
   B. 贷方
   C. 借方和贷方
   D. 借方或贷方

8. 汇总转账凭证是根据转账凭证按每个科目的贷方设置，按（ ）汇总，定期编制。
   A. 借方
   B. 贷方
   C. 借方和贷方
   D. 借方或贷方

9. 多栏式日记账账务处理程序一般适用于（ ）的单位。
   A. 规模小、业务量少
   B. 规模小、业务量多
   C. 规模大、业务量多
   D. 规模大、收付业务较多

10. 各种账务处理程序的主要区别是（ ）。
    A. 会计凭证格式不同
    B. 会计账簿不同
    C. 登记总账的依据不同
    D. 会计报表种类不同

11. 科目汇总表账务处理程序与汇总记账凭证账务处理程序的共同优点是（ ）。
    A. 能够反映会计账户的对应关系
    B. 减少了登记总账的工作量
    C. 能够进行发生额的试算平衡
    D. 能够较详细地反映全部经济业务

12. 各种账务处理程序的主要区别是（ ）。

A. 登记明细分类账的依据不同　　　　B. 总账的格式不同

C. 登记总分类账的依据和方法不同　　D. 编制会计报表的依据不同

13. (　　)适用于规模较大、收付款业务多、转账业务少的单位。

A. 记账凭证账务处理程序　　　　　　B. 科目汇总表账务处理程序

C. 汇总记账凭证账务处理程序　　　　D. 通用记账凭证账务处理程序

14. 记账凭证账务处理的一般程序与汇总记账凭证账务处理的一般程序的不同之处在于(　　)。

A. 根据原始凭证编制汇总原始凭证

B. 根据记账凭证逐笔登记总分类账

C. 根据各种原始凭证或汇总原始凭证编制记账凭证

D. 根据核对无误的总分类账和明细分类账的记录编制会计报表

15. 汇总记账凭证账务处理程序一般适用于(　　)的单位。

A. 经济业务简单　　　　　　　　　　B. 转账业务较多

C. 经营规模较大　　　　　　　　　　D. 经济业务较少

16. 根据原始凭证或汇总原始凭证编制记账凭证,定期根据记账凭证分类汇总后编制成汇总记账凭证,再根据汇总记账凭证登记总分类账,这种账务处理程序是(　　)。

A. 记账凭证账务处理程序　　　　　　B. 汇总记账凭证账务处理程序

C. 科目汇总表账务处理程序　　　　　D. 多栏式日记账账务处理程序

17. (　　)适用于规模较小、经济业务较少且简单的单位。

A. 科目汇总表账务处理程序　　　　　B. 记账凭证账务处理程序

C. 通用记账凭证账务处理程序　　　　D. 汇总记账凭证账务处理程序

18. 会计报表是根据(　　)资料编制的。

A. 日记账、总账和明细账　　　　　　B. 日记账和明细分类账

C. 明细账和总分类账　　　　　　　　D. 日记账和总分类账

19. 汇总记账凭证是依据(　　)编制的。

A. 记账凭证　　　　　　　　　　　　B. 原始凭证

C. 原始凭证汇总表　　　　　　　　　D. 各种总账

20. 各种账务处理程序的主要区别是(　　)。

A. 凭证格式不同　　　　　　　　　　B. 设置账户不同

C. 程序繁简不同　　　　　　　　　　D. 登记总账的依据不同

21. 以下属于汇总记账凭证账务处理程序主要缺点的是(　　)。

A. 登记总账的工作量较大

B. 当转账凭证较多时,编制汇总转账凭证的工作量较大

C. 不便于体现账户间的对应关系

D. 不便于进行账目的核对

22. 下列属于记账凭证账务处理程序优点的是(　　)。

A. 总分类账反映经济业务较详细　　　B. 减轻了登记总分类账的工作量

C. 有利于会计核算的日常分工　　　　D. 便于核对账目和进行试算平衡

23. 汇总记账凭证账务处理程序与科目汇总表账务处理程序的相同点是( )。

    A. 登记总账的依据相同   B. 记账凭证的汇总方法相同

    C. 保持了账户间的对应关系   D. 简化了登记总分类账的工作量

24. 在汇总记账凭证账务处理程序下,总分类账的记账依据是( )。

    A. 原始凭证   B. 记账凭证

    C. 科目汇总表   D. 汇总记账凭证

25. 在汇总记账凭证账务处理程序下,记账凭证一般采用( )。

    A. 收款凭证、付款凭证、转账凭证三种格式

    B. 通用记账凭证

    C. A、B 两者皆可

    D. 以上都不对

26. 汇总转账凭证编制的依据是( )。

    A. 原始凭证   B. 收款凭证   C. 付款凭证   D. 转账凭证

27. 汇总收款凭证是根据现金或银行存款的收款凭证,按现金或银行存款科目的( )分别设置,并按( )科目加以归类汇总。

    A. 借方 贷方   B. 贷方 借方   C. 借方 借方   D. 贷方 贷方

28. 汇总转账凭证根据转账凭证按每个科目的( )分别设置,并按对应的( )科目归类汇总。

    A. 借方 贷方   B. 贷方 借方   C. 借方 借方   D. 贷方 贷方

29. 规模较小、业务量较少的单位适用( )。

    A. 记账凭证账务处理程序   B. 汇总记账凭证账务处理程序

    C. 多栏式日记账账务处理程序   D. 科目汇总表账务处理程序

30. ( )是账务处理程序中最基本的形式。

    A. 记账凭证账务处理程序   B. 科目汇总表账务处理程序

    C. 汇总记账凭证账务处理程序   D. 多栏式日记账账务处理程序

31. 科目汇总表的缺点主要是不能反映( )。

    A. 账户借方、贷方发生额   B. 账户借方、贷方余额

    C. 账户对应关系   D. 各账户借方、贷方发生额合计

32. 在记账凭证账务处理程序下,登记总账的依据是( )。

    A. 原始凭证   B. 记账凭证   C. 科目汇总表   D. 明细表

33. 下列凭证中,不能作为登记总分类账依据的是( )。

    A. 记账凭证   B. 科目汇总表   C. 汇总记账凭证   D. 原始凭证

34. 科目汇总表账务处理程序适用于( )。

    A. 业务量少的单位   B. 业务量较多的单位

    C. 企业单位   D. 行政单位

35. 科目汇总表账务处理程序比记账凭证账务处理程序增设了( )。

    A. 原始凭证汇总表   B. 汇总原始凭证

    C. 科目汇总表   D. 汇总记账凭证

36. 在记账凭证账务处理程序下,登记总账的依据是( )。

    A. 原始凭证   B. 记账凭证   C. 科目汇总表   D. 明细表

37. 企业的会计凭证、会计账簿、会计报表相结合的方式为( )。

    A. 账簿组织   B. 账务处理程序   C. 会计报表组织   D. 会计工作组织

二、多选题

1. 账务处理程序是以账簿体系为核心,将( )有机结合起来的技术组织方式。

    A. 会计凭证   B. 会计账簿

    C. 记账方法   D. 记账程序和编制会计报表

2. 我国企事业单位所采用的账务处理程序主要有( )。

    A. 记账凭证账务处理程序   B. 科目汇总表账务处理程序

    C. 日记总账账务处理程序   D. 汇总记账凭证账务处理程序

3. 科目汇总表账务处理程序的优点是( )。

    A. 减少登记总账的工作量   B. 手续简便

    C. 可以根据科目汇总表进行试算平衡 D. 能够反映科目的对应关系

4. 汇总记账凭证主要有( )。

    A. 汇总原始凭证   B. 汇总收款凭证   C. 汇总付款凭证   D. 汇总转账凭证

5. 汇总记账凭证根据贷方设置、按借方汇总定期编制的是( )。

    A. 汇总原始凭证   B. 汇总收款凭证   C. 汇总付款凭证   D. 汇总转账凭证

6. 汇总记账凭证账务处理程序的主要优点是( )。

    A. 减少登记总账的工作量   B. 手续简便

    C. 可以进行试算平衡   D. 能够反映科目的对应关系

7. 多栏式日记账账务处理程序一般适用于( )的单位。

    A. 业务少   B. 规模大   C. 收付业务多   D. 规模小

8. 各种账务处理程序核算步骤的相同之处为( )。

    A. 根据原始凭证或原始凭证汇总表填制记账凭证

    B. 根据记账凭证和有关原始凭证登记总账

    C. 根据总分类账和明细分类账编制会计报表

    D. 根据记账凭证和有关原始凭证登记明细账

9. 采用科目汇总表账务处理程序时,月末应将( )与总分类账进行核对。

    A. 库存现金日记账   B. 银行存款日记账

    C. 明细分类账   D. 汇总记账凭证

10. 在科目汇总表账务处理程序下,记账凭证是用来( )的依据。

    A. 登记库存现金日记账   B. 登记银行存款日记账

    C. 登记明细分类账   D. 登记总分类账

11. 在各种账务处理程序下,银行存款日记账不可以根据( )登记。

    A. 原始凭证   B. 收款凭证   C. 记账凭证   D. 科目汇总表

12. 下列表述中,正确的有( )。

    A. 汇总记账凭证账务处理程序便于核对账目,利于会计工作的分工

    B. 记账凭证账务处理程序一般适用于经济业务较多的单位

    C. 汇总记账凭证账务处理程序反映了有关科目之间的对应关系,便于核对账目

    D. 科目汇总表账务处理程序一般适用于经营规模较大、经济业务量较多的单位

  13. 在汇总记账凭证账务处理程序下,平时编制记账凭证时可以填制(   )的转账凭证。

    A. 一借一贷   B. 一借多贷   C. 多借一贷   D. 多借多贷

  14. 汇总记账凭证一般分为(   )。

    A. 汇总收款凭证   B. 汇总付款凭证

    C. 原始凭证汇总表   D. 汇总转账凭证

  15. 对于汇总记账凭证账务处理程序,下列说法错误的有(   )。

    A. 登记总账的工作量大

    B. 不能体现账户之间的对应关系

    C. 明细账与总账无法核对

    D. 当转账凭证较多时,汇总转账凭证的编制工作量较大

  16. 为便于填制汇总转账凭证,平时填制转账凭证时,应尽可能使账户的对应关系保持(   )。

    A. 一借一贷   B. 一贷多借   C. 一借多贷   D. 多借多贷

  17. 以下属于汇总记账凭证账务处理程序的优缺点的是(   )。

    A. 汇总记账凭证的填制工作量比较大

    B. 汇总记账凭证不能反映会计科目的对应关系

    C. 简化了登记总账的工作量

    D. 不利于日常核算工作的合理分工

  18. 记账凭证账务处理程序、汇总记账凭证账务处理程序和科目汇总表账务处理程序应共同遵循的程序有(   )。

    A. 根据原始凭证、汇总原始凭证和记账凭证,登记各种明细分类账

    B. 根据记账凭证逐笔登记总分类账

    C. 期末,现金日记账、银行存款日记账和明细分类账的余额与有关总分类账的余额核对相符

    D. 根据总分类账和明细分类账的记录,编制会计报表

三、判断题

  1. 账务处理程就是以会计凭证为核心,将会计凭证、会计账簿、记账方法、记账程序和编制会计报表有机结合起来的技术组织方式。   (   )

  2. 记账程序和方法是指从凭证的填制、审核、传递到登记账簿,并根据账簿记录编制会计报表的程序和方法。   (   )

  3. 目前,我国各企业、事业、机关等单位所采用的账务处理程序主要有四种,其中科目汇总表账务处理程序是最基本的形式。   (   )

  4. 记账凭证账务处理程序的主要特点是根据记账凭证逐笔登记总分类账。   (   )

  5. 记账凭证账务处理程序一般适用于规模较大、业务量较多的企业单位。   (   )

6. 科目汇总表账务处理程序的优点是手续简便、记账程序简便。（　　）

7. 科目汇总表账务处理程序不利于分析检查企业的经济活动情况和核对账目。
（　　）

8. 科目汇总表账务处理程序一般适用于规模小、业务量少的企业单位。（　　）

9. 汇总收款凭证是根据"库存现金""银行存款"科目的贷方设置，按借方汇总。
（　　）

10. 汇总付款凭证是根据"库存现金""银行存款"科目的借方设置，按贷方汇总。
（　　）

11. 汇总转账凭证是根据转账凭证的贷方设置，并按对应的借方科目归类汇总。
（　　）

12. 汇总记账凭证账务处理程序可以明确地反映科目对应关系，反映经济业务的来龙去脉，便于分析、检查和核对账目。（　　）

13. 多栏式日记账账务处理程序一般适用于规模大、业务量多的企业单位。（　　）

14. 汇总记账凭证账务处理程序不便于了解账户之间的对应关系。（　　）

15. 采用汇总记账凭证账务处理程序可以减少登记总分类账的工作量，但不便于了解账户之间的对应关系。（　　）

16. 记账凭证账务处理程序是最基本的账务处理程序。（　　）

17. 各种账务处理程序最大的差异是登记总分类账的依据和方法不同。（　　）

18. 科目汇总表可以全面反映各账户之间的对应关系。（　　）

19. 汇总记账凭证账务处理程序既能保持账户的对应关系，又能减轻登记总分类账的工作量。（　　）

20. 汇总记账凭证账务处理程序的缺点在于保持账户之间的对应关系。（　　）

21. 汇总记账凭证账务处理程序和科目汇总表账务处理程序都适用于经济业务较多的单位。（　　）

22. 在不同的账务处理程序中，登记总账的依据相同。（　　）

23. 汇总转账凭证根据转账凭证按每个科目的借方分别设置，并按对应的贷方科目归类汇总。（　　）

24. 汇总记账凭证可以清晰地反映科目之间的对应关系。（　　）

25. 记账凭证账务处理程序的特点是直接根据记账凭证逐笔登记总分类账，是最基本的账务处理程序。（　　）

26. 库存现金日记账和银行存款日记账不论在何种会计核算形式下，都是根据收款凭证和付款凭证逐日逐笔顺序登记的。（　　）

27. 科目汇总表账务处理程序能科学地反映账户的对应关系，且便于账目核对。
（　　）

28. 汇总记账凭证既能反映账户的对应关系，也起到试算平衡的作用。（　　）

29. 记账凭证账务处理程序是账务处理程序中最基本的形式。（　　）

30. 科目汇总表能起到试算平衡的作用。（　　）

31. 记账凭证账务处理程序是适用于一切企业的账务处理程序。（　　）

32. 企业不论采用哪种会计核算形式,都必须设置日记账、总分类账和明细分类账。

（　　）

33. 记账凭证账务处理程序的主要特点就是直接根据各种记账凭证登记总账。

（　　）

四、会计实务题

海滨公司是增值税一般纳税人,增值税税率为13％,所得税税率为25％,采用实际成本法对购入的存货进行成本核算。该企业2019年3月上旬发生以下经济业务:

(1) 上个月以银行存款80 000元购入汽车一部,本月发现上月编制的记账凭证及入账金额误记为8 000元,立即予以调整。

(2) 提取固定资产折旧4 000元,其中,生产车间3 200元,行政管理部门800元。

(3) 销售甲产品5 000件,单价10元/件,产品已发出,款项尚未收到。该产品的单位成本为8元/件。

(4) 摊销应由本月负担的报纸杂志费200元(款项已于上月支付)。

(5) 向B公司购入乙材料,价款10 000元,增值税税额1 300元,签发3个月到期的商业承兑汇票一张以支付上述款项,该材料已验收入库。

(6) 购入上述乙材料时发生运杂费1 300元,以银行存款支付。

(7) 两年前企业为了购买机器设备向银行借款1 500 000元,现已到期,以银行存款归还。

(8) 办公室李彬报销差旅费800元,并退回上月预借差旅费的剩余现金200元。

(9) 上年度签发给B公司的商业汇票到期,通知银行付款,票据面值为22 600元。

(10) 发现账外空调一台,市场上同型号空调的价格为5 000元,估计折旧额为2 000元。

(11) 经查证,应收丙公司货款8 800元确实无法收回,经批准予以核销(此笔应收款在日常核算中已按全额提取坏账准备)。

(12) 盘亏乙材料500元,经查明是由于保管人员过失造成的材料毁损,应由过失人曲某赔偿。

(13) 以银行存款缴纳本期应缴纳的城市维护建设税364元、教育费附加156元。

(14) 收到某购货单位以现金支付的违约金800元。

(15) 预提本月应负担的办公设备租金400元。

(16) 购入丁材料10吨,每吨200元,共2 000元,增值税260元。货款及税金已以银行存款支付,该材料尚未运达。

要求:

(1) 根据上述经济业务编制相关的会计分录;

(2) 编制该企业2019年3月上旬的科目汇总表(见下表)。

科目汇总表

2019 年 3 月 10 日

第×号

元

会计科目	账 页	本期发生额	
		借 方	贷 方
库存现金			
银行存款			
应收票据			
应收账款			
其他应收款			
坏账准备			
在途物资			
原材料			
库存商品			
预付账款			
固定资产			
累计折旧			
短期借款			
应付票据			
应付账款			
应交税费			
其他应交款			
预收账款			
长期借款			
生产成本			
制造费用			
主营业务收入			
其他业务收入			
营业外收入			
主营业务成本			
税金及附加			
其他业务支出			
营业费用			
管理费用			
财务费用			
营业外支出			

参考答案

第一章

一、名词解释

1. 企业是指以营利为目的，运用各种生产要素，向社会提供商品或服务，实行自主经营、自负盈亏、独立核算的具有法人资格的经济组织。

2. 合伙制企业是指依法设立的由各合伙人订立合伙协议，共同出资、合伙经营、共享收益、共担风险，并对合伙制企业债务承担无限连带责任的营利性组织。

3. 会计工作组织是指对企业各项会计工作所做的统筹安排，其目的是安排、协调和管理好企业的会计工作，其具体内容包括会计机构的设置、会计人员的配备、会计法规的执行、会计工作规范的制定、会计档案的保管和会计工作的电算化等。

4. 集中核算是指整个企业的会计工作都集中由会计部门负责。

5. 非集中核算又称为分散核算，是指企业内部的各部门、各单位对自身发生的经济业务进行初步的会计核算，并把资料报送给会计部门，由会计部门进行总核算。

6. 会计机构是指企业内部设置的办理会计事务和组织领导会计工作的职能部门。

7. 会计法规制度是指组织和从事会计工作，处理会计事务必须遵循的法律、原则、程序和方法的总称。

8. 会计法是指由全国人民代表大会常务委员会制定，以国家主席令的形式发布，是我国从事会计工作、办理会计事务的法律规范，是拟定各项会计法规、准则、制度的基本法律，是我国会计法规的母法和根本大法。

9. 基本准则主要对会计核算的一般要求和会计核算的主要方面做出原则性的规定，为具体会计准则和会计制度的制定提供基本框架。

10. 具体准则是指根据基本准则的要求就会计核算的基本业务和特殊行业的会计核算工作做出的规定。

11. 管理幅度是指一名上级管理者直接管理的下级人员的人数。

12. 法人是社会组织的人格化，是相对于自然人而言的，是指依法成立并能独立行使法定权力和承担法律义务的社会组织。

二、单选题

1. A 2. A 3. A 4. B 5. C 6. D 7. A 8. A 9. B 10. A 11. B 12. C

三、多选题

1. ABCD 2. ABCD 3. BD 4. AC 5. ABD 6. ABD 7. ABCD 8. ABC
9. ABC 10. ABC 11. BD 12. ABD 13. ABCD 14. BCD 15. ABC

四、判断题

1. √　2. √　3. √　4. √　5. ×　6. √　7. ×　8. ×　9. √　10. ×

11. ×　12. √　13. √　14. ×　15. √

五、会计实务题

(1) 成本费用核算岗位。

(2) 资金核算岗位。

(3) 出纳岗位。

(4) 出纳岗位。

(5) 工资核算岗位。

(6) 成本费用核算岗位。

(7) 总账报表岗位。

(8) 稽核岗位。

第二章

一、名词解释

1. 会计是指以货币为主要计量单位,以会计凭证为依据,借助于专门的程序和方法,对特定主体的经济活动进行连续、系统、全面的核算和监督,旨在提供经济信息和提高经济效益的一项经济管理活动。

2. 会计反映职能是指以货币为主要计量单位对每项经济业务进行确认、计量、计算和记录,从而综合反映经济活动过程,为经营管理提供完整、系统的会计信息(数据资料)。

3. 会计监督职能是指通过会计的核算职能,利用会计信息,对各企业单位经济活动的合法性、合规性、合理性和有效性进行审查和分析,发挥制约、控制和指导的作用。

4. 会计的方法是指用来核算和监督会计对象,执行会计职能,实现会计目标的手段。会计方法包括会计核算方法、会计分析方法、会计考核方法、会计预测和会计决策方法等。

5. 会计属性是指会计的性质。

6. 会计假设是指对会计活动所处的经济环境在时间、空间范围上所做的合理假定,根据客观、正常的情况或趋势所做出的合乎情理的判断或限定,是组织会计核算工作应当具备的前提条件。

7. 会计主体是指会计信息所反映的特定单位或组织,即实行会计核算的单位。

8. 权责发生制又称为应计制,是指以收入和费用是否已经发生为标准来确认本期收入和支出的一种账务处理方法。其主要内容是,凡是本期已经实现的收入和已经发生或应当负担的费用,不论款项是否收付,都应当作为本期的收入和费用进行处理;凡是不属于本期的收入和费用,即使款项已经在本期收付,也不应作为本期的收入和费用进行处理。

9. 会计信息质量要求是指对企业财务报告中所提供会计信息的质量的基本要求,是使财务报告中所提供的会计信息对投资者等会计信息使用者决策有用应具备的基本特征。

10. 收付实现制也称为现金制,是指以款项实际收付为标准来确认本期收入和支出的一种账务处理方法。其主要内容是,凡是在本期收到的收入和付出的费用,不论是否属于本期,都应作为本期的收入和费用进行处理;凡是本期没有实际收到的收入或付出的费用,即使应归属于本期,也不作为本期的收入和费用进行处理。

二、单选题

1. A 2. D 3. D 4. B 5. C 6. D 7. B 8. D 9. A 10. D 11. B 12. D 13. D 14. D 15. A 16. A 17. A 18. B 19. C 20. B 21. B 22. D 23. D 24. B 25. A 26. A 27. B

三、多选题

1. BC 2. BCD 3. ACD 4. ACD 5. ABCD 6. CD 7. CD 8. ABCD 9. ABCD 10. ABCD 11. BD 12. ABCD 13. ABCD 14. ABCD 15. ABC 16. ABD 17. AD 18. ABCD 19. AD 20. ABD 21. ABC 22. ABCD 23. ABCD 24. ABCD 25. ABCD 26. ABCD 27. ABCD

四、判断题

1. √ 2. × 3. × 4. × 5. √ 6. √ 7. √ 8. × 9. × 10. × 11. × 12. √ 13. × 14. √ 15. √ 16. × 17. √ 18. × 19. × 20. × 21. √ 22. × 23. √ 24. × 25. × 26. √ 27. √ 28. √ 29. √ 30. ×

五、案例分析题

1. 案例提示如下:

尽管该培训班不是法律主体,但是作为一个独立核算的会计主体,需要独立、完整地记账、算账、报账,不能只记录一部分经济业务。

(1) 小江把自己的私人电脑记入该培训班会计账簿中,违反了会计主体假设的记账要求。

(2) 小海将个人的花费计入培训班的费用项下,违反了会计主体假设的记账要求。

(3) 该培训班应该以人民币作为记账本位币,不能采用人民币和美元混合记账方式。

(4) 会计准则要求即使每年的1月、2月、7月、8月不开设培训班,也必须每月记账、算账和报账。

(5) 即使业务简单也必须按照会计准则的要求提供财务报表,资产负债表和利润表应按月编制。

(6) 由于经营不善,三人打算停办该培训班,这只是个人想法。由于业务还在继续,因此用财产清算会计记账不符合持续经营假设要求,只能在正式停业清算的时候才能采用财产清算的会计记账。

2. 案例提示如下:

(1) 小张从该会计师事务所拿钱用于私人开支,不属于事务所的业务,不能作为事务所的办公费支出。这里,会计人员违反了会计主体假设的记账要求。

(2) 2月15日编制的2月1日至15日的财务报表是临时性的。我国会计分期假设规定的会计期间为年度、季度和月份。

(3) 我国有关法律法规规定,企业应以人民币作为记账本位币,但企业业务收支以外币为主,可以选择某种外币作为记账本位币。而该会计师事务所直接将3 000美元记账,需看其究竟以何种货币为记账本位币。

（4）计提折旧的前后期采用不同的计算方法,如果没有确凿证据表明需要变更的,则违背了会计上的可比性原则。

（5）购买电脑应作为资本性支出,分期摊销其成本,不能一次性记入当期费用,因此违背了划分收益性支出与资本性支出原则。

（6）预收的审计费用不能作为当期的收入,应先记入负债,等为对方提供了审计服务后再结转,因此违背了权责发生制原则和配比原则。

（7）按照谨慎性原则,如无确凿证据表明该应收账款未发生减值,应对应收账款计提坏账准备,但该会计师事务所未计提。

（8）预付报刊费应在受益期内摊销,不能计入支付当期的费用,因此违背了权责发生制原则。

第三章

一、单选题

1. A 2. C 3. C 4. C 5. A 6. C 7. A 8. D 9. B 10. C 11. B 12. B 13. D 14. B 15. A 16. B 17. B

二、多选题

1. ABCD 2. BC 3. BC 4. ABC 5. ABCD 6. ACD 7. AD 8. ABCD 9. ABCD 10. BC 11. ABCD 12. AC 13. AD 14. BCD 15. ACD 16. ABCD 17. ABCD 18. ABCD

三、判断题

1. × 2. √ 3. √ 4. × 5. × 6. √ 7. √ 8. √ 9. √ 10. √ 11. √ 12. √ 13. × 14. √ 15. × 16. × 17. × 18. × 19. × 20. ×

四、会计实务题

1.

某企业 2019 年 5 月 31 日的有关资产、负债、所有者权益的资料   元

项　目	金　额	项　目	金　额
资　产		负　债	
（1）库存现金	20 000	（10）应付购料款	64 000
（2）银行存款	278 000	（11）尚未缴纳的税金	28 000
（3）生产用厂房	190 000	（13）银行借款	186 000
（4）库存产成品	300 000	小　计	278 000
（5）仓库	120 000	所有者权益	
（6）库存材料	190 000	（9）国家投入的资金	720 000
（7）货运汽车一辆	60 000	（12）未分配利润	210 000
（8）应收回的货款	50 000	小　计	930 000
总　计	1 208 000	总　计	1 208 000

平衡关系:资产总计(1 208 000 元)=负债+所有者权益总计(1 208 000 元)

2.

经济业务的类型

序号	经济业务引起会计要素增减变动的结果	经济业务的类型
(1)	等式左边一增一减	类型3
(2)	等式两边同时减少	类型2
(3)	等式两边同时增加	类型1
(4)	等式两边同时增加	类型1
(5)	等式两边同时增加	类型1
(6)	等式两边同时减少	类型2
(7)	等式右边一增一减	类型4
(8)	等式右边一增一减	类型4

3. (1) 银行存款增加 80 000 元,实收资本增加 80 000 元。

(2) 现金增加 500 元,银行存款减少 500 元。

(3) 应付账款减少 5 000 元,短期借款增加 5 000 元。

(4) 应交税费减少 2 000 元,银行存款减少 2 000 元。

大华工厂 2019 年 1 月 31 日的资产负债表　　　　　　　　　　　元

资　产	金　额	负债及所有者权益	金　额
库存现金	1 100	负　债	
银行存款	123 500	短期借款	22 500
应收账款	9 000	应付账款	1 000
其他应收款	1 400	应交税费	5 000
周转材料	20 500	小　计	28 500
生产成本	75 000	所有者权益	
原材料	75 000	实收资本	500 000
库存商品	39 000	盈余公积	26 000
固定资产	210 000	小　计	526 000
总　计	554 500	总　计	554 500

第四章

一、单选题

1. D 2. B 3. A 4. D 5. C 6. B 7. B 8. D 9. B 10. A 11. A
12. D 13. A 14. B 15. D 16. A 17. A 18. B 19. A 20. D 21. B 22. C
23. A 24. B 25. C 26. C 27. D 28. B 29. D 30. B 31. D 32. C 33. D

34. B   35. A   36. C

二、多选题

1. AC 2. BC 3. ABC 4. ACD 5. ABD 6. ABCD 7. BCD 8. AC
9. ABCD 10. BCD 11. ABC 12. ABD 13. AD 14. ABC 15. ABD 16. AC
17. BC 18. BCD 19. ABC 20. ABCD 21. ABCD 22. ABC 23. ABCD
24. AB 25. ABC 26. BD 27. CD 28. ABCD 29. ABC 30. ABCD 31. ABC

三、判断题

1. √ 2. × 3. × 4. √ 5. √ 6. × 7. √ 8. × 9. ×

四、会计实务题

1.

会计科目与会计要素

会计科目	会计要素
短期借款	资产
盈余公积	
应交税费	负债
其他应收款	
应收账款	所有者权益

2.

某企业2019年5月31日的资产、负债和所有者权益项目　　　　　　元

序号	项目	金额	序号	项目	金额
	资　产			负　债	
(1)	出纳员保管的现金	1 000	(16)	向银行借入的短期借款	50 000
(2)	存在银行的款项	100 000	(17)	应付供应单位的购料款	30 000
(3)	库存的工具	5 000	(18)	暂收购货单位的包装物押金	4 000
(4)	库存原材料	40 000	(19)	应付的罚金	6 000
(5)	库存燃料	10 000	(20)	应缴未缴的税金	20 000
(6)	正在加工中的产品	20 000		负债小计	110 000
(7)	库存完工产品	30 000		所有者权益	
(8)	暂借给职工的差旅费	2 000	(14)	投资人投入资本	450 000
(9)	暂付给供应单位的包装物押金	2 000	(15)	经营过程中形成的盈余公积金	40 000
(10)	应收购货单位的销货款	40 000		所有者权益小计	490 000
(11)	房屋建筑物	100 000			
(12)	工作的机器设备	100 000			
(13)	运输汽车	150 000			
	资产总计	600 000		负债及所有者权益总计	600 000

平衡关系:资产总计(600 000元)＝负债及所有者权益总计(600 000元)

3. (1) 各项经济业务对资产、负债及所有者权益的影响如下:

各项经济业务对资产、负债及所有者权益的影响　　　　元

序　号	资　产		负　债		所有者权益	
期初余额	600 000		110 000		490 000	
(1)	+10 000	−10 000				
(2)		+5 000	+5 000			
(3)	+3 000	−3 000				
(4)		+50 000			+50 000	
(5)		+30 000	+30 000			
(6)	+20 000	−20 000				
(7)	+1 000	−1 000				
(8)		−20 000	−20 000			
(9)		+20 000	+20 000			
(10)			+50 000	−50 000		
(11)		−20 000	−20 000			
(12)		−10 000	−10 000			
(13)	+2 000	−2 000				
(14)					+10 000	−10 000
本期发生额	+55 000		−15 000		+70 000	
期末余额	655 000		95 000		560 000	

资产总额和权益总额之间的平衡关系并未被破坏。

(2) 会计等式:

资产总计(655 000 元)=负债总计(95 000 元)+所有者权益总计(560 000 元)

4. 开设账户,并登记期初余额(略)。

编制会计分录如下:

(1) 借:库存现金　　　　　　　　　　2 000

　　　贷:银行存款　　　　　　　　　　　　　2 000

(2) 借:银行存款　　　　　　　　　　50 000

　　　贷:实收资本　　　　　　　　　　　　　50 000

(3) 借:应交税费　　　　　　　　　　2 000

　　　贷:银行存款　　　　　　　　　　　　　2 000

(4) 借:原材料　　　　　　　　　　　5 000

　　　贷:应付账款　　　　　　　　　　　　　5 000

(5) 借:应付账款　　　　　　　　　　6 000

　　　贷:银行存款　　　　　　　　　　　　　6 000

(6) 借:银行存款　　　　　　　　　　　　　　　　　5 000

　　　贷:应收账款　　　　　　　　　　　　　　　　　　　5 000

(7) 借:银行存款　　　　　　　　　　　　　　　　20 000

　　　贷:短期借款　　　　　　　　　　　　　　　　　　20 000

(8) 借:固定资产　　　　　　　　　　　　　　　　10 000

　　　贷:银行存款　　　　　　　　　　　　　　　　　　10 000

(9) 借:资本公积　　　　　　　　　　　　　　　　　4 000

　　　贷:实收资本　　　　　　　　　　　　　　　　　　　4 000

(10) 借:其他应收款——采购员　　　　　　　　　　　1 000

　　　贷:库存现金　　　　　　　　　　　　　　　　　　　1 000

(11) 借:银行存款　　　　　　　　　　　　　　　　　1 000

　　　贷:库存现金　　　　　　　　　　　　　　　　　　　1 000

根据所编会计分录登记账户(略)。

各账户的期初余额、本期发生额和期末余额试算平衡表　　　　元

账户名称	期初余额		本期发生额		期末余额	
	借方	贷方	借方	贷方	借方	贷方
库存现金	1 000		3 000	1 000	3 000	
银行存款	20 000		75 000	21 000	74 000	
应收账款	5 000			5 000		
其他应收款	2 000		1 000		3 000	
原材料	30 000		5 000		35 000	
生产成本	2 000				2 000	
库存商品	10 000				10 000	
固定资产	50 000		10 000		60 000	
短期借款		20 000		20 000		40 000
应付账款		6 000	6 000	5 000		5 000
其他应付款		4 000				4 000
应交税费		2 000	2 000			
实收资本		80 000		54 000		134 000
资本公积		5 000	4 000			1 000
盈余公积		3 000				3 000
合　计	120 000	120 000	106 000	106 000	187 000	187 000

5.(1) 从银行提取现金1 000元。

借:库存现金　　　　　　　　　　　　　　　　　1 000

　　贷:银行存款　　　　　　　　　　　　　　　　　　　1 000

（2）购买原材料，价值5 000元，款未付。

借：原材料   5 000

  贷：应付账款   5 000

（3）购买固定资产，价值10 000元，款项以银行存款支付。

借：固定资产   10 000

  贷：银行存款   10 000

（4）向银行借入10 000元，以偿还前欠货款。

借：应付账款   10 000

  贷：短期借款   10 000

（5）以现金支付职工借款1 000元。

借：其他应收款   1 000

  贷：库存现金   1 000

（6）收到前欠货款8 000元，款项存入银行。

借：银行存款   8 000

  贷：应收账款   8 000

（7）购买原材料，价值1 000元，款项以银行存款支付。

借：原材料   1 000

  贷：银行存款   1 000

（8）以银行存款偿还短期借款20 000元。

借：短期借款   20 000

  贷：银行存款   1 000

第五章

一、名词解释

1. 生产费用是指在企业产品生产的过程中，发生的能用货币计量的生产耗费，也就是企业在一定时期内产品生产过程中消耗的生产资料的价值和支付的劳动报酬之和。

2. 制造费用包括产品生产成本中除直接材料和直接人工以外的其他一切生产成本，主要包括企业各个生产单位（如车间、分厂等）为组织和管理生产所发生的一切费用。

3. 成本项目是指从生产费用的具体用途出发，将直接生产费用和间接生产费用划分为若干项目，如直接材料、直接人工、制造费用、水电费等。

4. 期间费用是指企业本期发生的、不能直接或间接归入营业成本，而是直接计入当期损益的各项费用，包括销售费用、管理费用和财务费用等。

5. 管理费用是指企业行政管理部门为组织和管理生产经营活动而发生的各项费用。

6. 未分配利润是指企业实现的净利润经过弥补亏损、提取盈余公积和向投资者分配利润后留存在企业的、历年结存的利润。

7. 固定资产是指企业为生产产品、提供劳务、出租或者经营管理而持有的，使用时间超过12个月的，价值达到一定标准的非货币性资产。

8. 营业外支出是指企业发生的与企业日常生产经营活动无直接关系的各项支出,包括非流动资产处置损失、非货币性资产交换损失、债务重组损失、公益性捐赠支出、非常损失、盘亏损失等。

9. 营业外收入是指企业确认与企业生产经营活动没有直接关系的各种收入。营业外收入并不是由企业经营资金耗费所产生的,不需要企业付出代价,实际上是一种纯收入,不需要与有关费用进行配比。

10. 财务费用是指企业在生产经营过程中为筹集资金而发生的筹资费用。

二、单选题

1. A 2. B 3. B 4. A 5. C 6. B 7. B 8. A 9. C 10. D 11. D 12. C 13. C 14. C 15. C 16. B 17. C 18. C 19. D 20. B

三、多选题

1. AD 2. ABCD 3. AB 4. ACD 5. ABD 6. BCD 7. ABC 8. ABCD 9. ABCD 10. ACD 11. ABC 12. AC 13. ABC 14. ABD 15. ABC

四、判断题

1. √ 2. × 3. × 4. × 5. √ 6. × 7. × 8. √ 9. × 10. √ 11. √ 12. √ 13. √ 14. √ 15. × 16. × 17. × 18. × 19. √ 20. √

五、会计实务题

1.

(1) 借:银行存款   1 000 000

    贷:短期借款   1 000 000

(2) 借:固定资产   300 000

    贷:实收资本   300 000

(3) 借:银行存款   2 000 000

    贷:实收资本   2 000 000

(4) 借:财务费用   32 000

    贷:应付利息   32 000

(5) 借:固定资产   400 000

      原材料   15 000

    贷:实收资本   415 000

(6) 借:资本公积   500 000

    贷:股本   500 000

2.

(1) 借:在建工程   395 000

    贷:原材料   300 000

      应付职工薪酬   45 000

      制造费用   50 000

(2) 借:在建工程   65 000

    贷:银行存款   65 000

   (3) 借：固定资产   460 000

        贷：在建工程   460 000

   (4) 借：固定资产   202 500

        应交税费——应交增值税（进项税额）   26 000

        贷：银行存款   228 500

   (5) 借：在建工程   138 000

        应交税费——应交增值税（进项税额）   17 940

        贷：银行存款   155 940

   (6) 借：在建工程   9 000

        贷：原材料   5 000

            银行存款   4 000

   (7) 借：固定资产   147 000

        贷：在建工程   147 000

3.

   (1) 借：其他应收款——王明   1 500

        贷：银行存款   1 500

   (2) 借：原材料——甲材料   16 480

            ——乙材料   13 040

        应交税费——应交增值税（进项税额）   3 744

        贷：银行存款   33 264

   (3) 借：应付账款   28 800

        贷：银行存款   28 800

   (4) 借：在途物资——甲材料   5 500

            ——乙材料   5 600

        应交税费——应交增值税（进项税额）   771

        贷：银行存款   88 200

   (5) 借：在途物资——甲材料   440

            ——乙材料   280

        贷：库存现金   180

            银行存款   540

   (6) 借：管理费用   1 350

        库存现金   150

        贷：其他应收款——王明   1 500

   (7) 借：原材料——甲材料   5 940

            ——乙材料   5 880

        贷：在途物资——甲材料   5 940

                ——乙材料   5 880

4.

(1) 借:生产成本——A产品 3 100

　　　　——B产品 2 480

　　管理费用 800

　　制造费用 640

　　贷:原材料——甲材料 2 700

　　　　　　——乙材料 4 320

(2) 借:生产成本——A产品 5 000

　　　　　　——B产品 4 000

　　制造费用 2 000

　　管理费用 3 000

　　贷:应付职工薪酬 14 000

(3) 借:制造费用 600

　　管理费用 300

　　贷:累计折旧 900

(4) 借:制造费用 400

　　贷:库存现金 400

(5) 借:制造费用 2 400

　　库存现金 600

　　贷:其他应收款——刘浩 3 000

(6) 借:生产成本——A产品 3 355.56

　　　　　　——B产品 2 684.44

　　贷:制造费用 6 040

(7) 借:库存商品——A产品 11 455.56

　　　　　　——B产品 9 164.44

　　贷:生产成本——A产品 11 455.56

　　　　　　——B产品 9 164.44

5.

(1) 借:银行存款 33 900

　　贷:主营业务收入 30 000

　　　应交税费——应交增值税(销项税额) 3 900

(2) 借:应收账款 51 100

　　贷:主营业务收入 45 000

　　　应交税费——应交增值税(销项税额) 5 850

　　　银行存款 250

(3) 借:销售费用 1 000

　　贷:银行存款 1 000

(4) 借:银行存款 51 100

贷:应收账款 51 100

(5) 借:主营业务成本——A 产品 20 000

——B 产品 34 500

贷:库存商品——A 产品 20 000

——B 产品 34 500

(6) 借:税金及附加 1 800

贷:应交税费——应交城建税 1 200

应交税费——应交教育费附加 600

6.

(1) 借:应付账款 3 400

贷:营业外收入 3 400

(2) 借:银行存款 590

贷:其他应付款 590

(3) 借:其他应付款 590

贷:其他业务收入 522.12

应交税费——应交增值税(销项税额) 67.88

(4) 借:银行存款 1 755

贷:其他业务收入 1 500

应交税费——应交增值税(销项税额) 255

(5) 借:其他业务成本 1 000

贷:原材料——甲材料 1 000

(6) 借:其他业务成本 120

贷:库存现金 120

(7) 借:银行存款 1 000

贷:无形资产 600

营业外收入 400

(8) 借:银行存款 850

贷:其他业务收入 850

(9) 借:营业外支出 7 200

贷:待处理财产损溢 7 200

(10) 借:营业外支出 500

贷:银行存款 500

(11) 借:银行存款 2 000

贷:应收股利 2 000

(12) 借:固定资产清理 3 000

累计折旧 27 000

贷:固定资产 30 000

借:银行存款 1 800

贷:固定资产清理   1 800

借:营业外支出   1 200

    贷:固定资产清理   1 200

(13) 借:主营业务收入   85 000

      其他业务收入   4 350

      营业外收入   3 590

      投资收益   2 000

      贷:本年利润   94 940

借:本年利润   65 945

   贷:主营业务成本   48 000

      其他业务成本   3 000

      营业外支出   7 200

      税金及附加   1 445

      销售费用   4 200

      管理费用   1 300

      财务费用   800

(14) 借:所得税费用   7 248.75

     贷:应交税费——应交所得税   7 248.75

(15) 借:本年利润   7 248.75

     贷:所得税费用   7 248.75

(16) 借:利润分配——提取法定盈余公积   250 000

        ——提取任意盈余公积   125 000

     贷:盈余公积——法定盈余公积   250 000

        ——任意盈余公积   125 000

(17) 借:利润分配——未分配利润   10 873.13

     贷:利润分配——应付现金股利   10 873.13

第六章

一、单选题

1. B   2. B   3. A   4. A   5. A   6. B   7. C   8. D   9. A   10. D   11. A
12. B   13. B   14. B   15. C

二、多选题

1. AC   2. ABC   3. ABD   4. BCD   5. ABCD   6. ACD   7. ABD   8. ABCD
9. ABC   10. BC   11. ABD   12. AC   13. AC   14. ABC   15. ACD

三、判断题

1. ×   2. ×   3. √   4. ×   5. √   6. ×   7. ×   8. ×   9. ×   10. √
11. √   12. √   13. √   14. ×   15. ×

第七章

一、单选题

1. D 2. B 3. B 4. D 5. D 6. C 7. D 8. B 9. C 10. B 11. B 12. D 13. A 14. C 15. B 16. C 17. C 18. A 19. D 20. B 21. D 22. B 23. B 24. B 25. B 26. D 27. C 28. D 29. D 30. D 31. A 32. B 33. C 34. B 35. C

二、多选题

1. ABCD 2. ABD 3. ABCD 4. ABC 5. ACD 6. ABC 7. ABCD 8. AC 9. AD 10. ACD 11. AC 12. BCD 13. ABCD 14. ABCD 15. BCD 16. ABD 17. CD 18. CD 19. ABC 20. BCD 21. CD 22. ABC 23. ABC 24. ACD 25. AD

三、判断题

1. × 2. √ 3. × 4. × 5. × 6. × 7. √ 8. × 9. × 10. √ 11. × 12. × 13. × 14. × 15. √ 16. √ 17. × 18. × 19. ×

四、会计实务题

(1) 借:银行存款   20 000

   贷:应收账款   20 000

做银行存款的收款凭证。

(2) 借:原材料——甲材料   40 000

   应交税费——应交增值税(进项税额) 5 200

   贷:应付票据   452 000

做转账凭证。

(3) 借:库存现金   52 000

   贷:银行存款   52 000

做银行存款的付款凭证。

(4) ① 借:库存现金   36 160

    贷:主营业务收入   32 000

     应交税费——应交增值税(销项税额) 4 160

做库存现金的收款凭证。

② 借:银行存款   36 160

   贷:库存现金   36 160

做库存现金的付款凭证。

(5) 借:生产成本——A 产品   18 000

   贷:原材料——甲材料   18 000

做转账凭证。

(6) 借:库存现金   270

管理费用	2 230
贷:其他应收款——王某	2 500

做库存现金的收款凭证,做转账凭证。

(7)借:应收账款	38 646
贷:主营业务收入	34 200
应交税费——应交增值税(销项税额)	4 446

做转账凭证。

(8)借:管理费用——电费	1 240
——水费	480
贷:银行存款	1 720

做银行存款的付款凭证。

第八章

一、单选题

1. A　2. B　3. A　4. D　5. C　6. A　7. A　8. C　9. C　10. B　11. D　12. A　13. C　14. D　15. C　16. C　17. B　18. C　19. A　20. A　21. B　22. C　23. A　24. D　25. C　26. C　27. D　28. B　29. B　30. C　31. A　32. C　33. B　34. A　35. C　36. B　37. D　38. D

二、多选题

1. ABC　2. ABD　3. AB　4. AC　5. ABCD　6. ABD　7. AC　8. AD　9. ABC　10. BC　11. AC　12. ABCD　13. AD　14. CD　15. ABCE　16. BCD　17. ABE　18. ABC　19. ABCD　20. AD　21. ACE　22. ABD　23. ABC　24. ACE　25. ABCE　26. AC　27. ABE　28. ABD　29. ABCD　30. ABCDE　31. ABC　32. AD　33. ABCDE　34. ABCDE　35. AC　36. ABE　37. BCDE　38. ABCD　39. ABE　40. ABDE　41. CD　42. ABE　43. BDE　44. ABCE　45. BDE　46. ACE　47. ABCD

三、判断题

1. ✕　2. ✓　3. ✕　4. ✓　5. ✓　6. ✕　7. ✕　8. ✓　9. ✓　10. ✕　11. ✕　12. ✕　13. ✓　14. ✕　15. ✕　16. ✕　17. ✕　18. ✓　19. ✓　20. ✓　21. ✕　22. ✕　23. ✕　24. ✕　25. ✕　26. ✕　27. ✕　28. ✕　29. ✕　30. ✕　31. ✓　32. ✓　33. ✕　34. ✕　35. ✕　36. ✓　37. ✓　38. ✕　39. ✕　40. ✕　41. ✕　42. ✕　43. ✓　44. ✕　45. ✕　46. ✓　47. ✕　48. ✕　49. ✓　50. ✕

四、会计实务题

借款单

借款部门：供应处   2019 年 8 月 1 日   业务授权人：桂　刚

人民币(大写)贰仟元整				￥2 000.00		
用途		开会			财务部门	借款部门
付款方式	现金	票据号码		负责人	谢意	负责人 郑来宁
收款单位		开户银行		审核	姜平	借款人 郑来宁
		账号		记账	李梅	经办人 郑来宁

付款记账凭证

2019 年 8 月 1 日   凭证编号现付字第 0011 号　出纳编号 0015

	贷方科目	现金

摘　要	结算方式	票号	借方科目		金　额										过账符号
			总账科目	明细科目	亿	千	百	十	万	千	百	十	元	角	分	
出差借款	现金		其他应收款	郑来宁					￥	2	0	0	0	0	0	✓
附单据壹张			合　计						￥	2	0	0	0	0	0	

会计主管人员　谢意　　记账　李梅　　稽核　姜平　制单　李梅　出纳　金夏　　领款人　郑来宁

开西公司提货单

No 00995

2019 年 8 月 2 日

元

品　名	单　位	数　量	单　价	金　额	备　注
佳君牌男西服	大众商场	100	300	30 000	
佳君牌女西服	大众商场	100	300	30 000	
合　计				60 000	

批准人　赵月　　开票　李有　　保管员　吴常　　　　提货人　郗春

××增值税专用发票

No 00443811

开票日期:2019 年 8 月 2 日

购货单位	名　　称	大众商场				税务登记号	9 1 3 3 0 0 0 0 4 5 8 9 3 2 1 1 2 3							
	地址、电话	××市人民路23 号 4710123				开户银行及账号	工商银行××分行 10320034567							
货物或应税劳务名称	型号规格	计量单位	数量	单价	金　额 百十万千百十元角分			税率(%)	税　额 十万千百十元角分					
服装	西服	套	200	300	¥ 6 0 0 0 0 0 0				¥ 7 8 0 0 0 0				
合　计					¥ 6 0 0 0 0 0 0				¥ 7 8 0 0 0 0				
价税合计		佰　拾陆万柒仟捌佰零拾零元零角零分　　¥67 800												
备　注													
销货单位	名　　称	开西公司				税务登记号	9 1 3 2 0 0 0 0 4 5 8 9 3 2 1 1 4 5							
	地址、电话	××市人民路27 号,4710132				开户银行及账号	工商银行××分行 26780034587							

收款记账凭证　凭证编号现收字第 0011 号　　出纳编号 001

2019 年 8 月 2 日

		借方科目	现　金

摘　要	结算方式	票号	贷　方　科　目		金　额									过账符号
			总账科目	明细科目	亿	千	百	十万	千	百	十元	角	分	
售货	现金		主营业务收入	佳君牌西服			¥	6	0	0	0 0	0	0	
			应交税金	销项税额				¥	7	8	0 0	0	0	
附单据贰张			合　计				¥	6	7	8	0 0	0	0	

会计主管人员　谢意　记账　李梅　稽核　姜平　制单　李梅　出纳　金夏　　交款人　郗春

现金缴款单

券种	张数					本次缴款记录		
壹佰元	692	××市城市商业银行现金缴款单 缴款日期 2019 年 8 月 2 日				多款	0	已退回
伍拾元	0					少款	0	已补缴
拾元	0	缴款单位	全　称	开西公司		账　号	0162199950515	
伍元	0		开户银行	城市商业银行中山支行		款项来源	零星销售	

券种	张数	人民币（大写）陆万玖仟贰佰元整	百	十	万	千	百	十	元	角	分
贰元	0				¥	6	9	2	0	0	0	0
壹元	0										

券种	张数	现金收讫		出纳复核员	姜平	出纳收款员	金夏
伍角	0						
贰角	0						
壹角	0						
伍分	0						
贰分	0	（××市城市商业银行 中山支行现金收讫章）		会计复核员	姜平	记账员	李梅
壹分	0						
合计	692						

付款记账凭证

凭证编号现付字第 0012 号出纳编号 0018

2019 年 8 月 3 日

摘　要	结算方式	票号	借方科目		金　额											过账符号
			总账科目	明细科目	亿	千	百	十	万	千	百	十	元	角	分	
存现金			银行存款					¥	6	9	2	0	0	0	0	√
附单据壹张			合　计					¥	6	9	2	0	0	0	0	

会计主管人员　谢意　记账　李梅　稽核　姜平　　制单　李梅　　出纳　金夏　领款人

公出差旅费报销单(略)

差旅费报销单

年　月　日

姓　名			地　点											
出　发			到　达			车船费	途中伙食补助		住勤伙食补助		其　他			合　计
月日	时分	地点	月日	时分	地点		日数	金额	日数	金额	车马费	宿费	其他	
合　计														

报销　年　月　日　借款　元。结余或超支　元　　　报销金额(大写)　　　¥＿＿＿＿

会计主管　　　审核　　　制单　　　部门主管　　　公出人

转账记账凭证

2019 年 8 月 8 日　　　　　　　　　　　　　　凭证编号转字第 0017 号

摘　要	借方科目		贷方科目		金　额											过账符号
	总账科目	明细科目	总账科目	明细科目	亿	千	百	十	万	千	百	十	元	角	分	
报销差旅费	管理费用	差旅费							¥	2	7	9	3	0	0	√
			其他应收款	郑来宁					¥	2	0	0	0	0	0	√
			现　金							¥	7	9	3	0	0	√
附单据　张			合　计						¥	2	7	9	3	0	0	

会计主管人员　谢　意　记账　李　梅　　　稽核　姜　平　　　制单　李　梅

××市城市商业银行现金支票存根

支票号码No0019950518

| 科　目 | 银行存款 |
| 对方科目 | 现　金 |

签发日期 2019 年 8 月 15 日

| 收款人： |
| 金　额:793 |
| 用　途:备用金 |
| 备　注: |

单位主管：桂刚
会　计:李梅
复　核:姜平
记　账:李梅

付款期限自出票之日起十天

◎　　　　　开户行名称

××市城市商业银行现金支票　签发人账号

签发日期贰零壹玖年捌月拾伍日

收款人开西公司　　　　支票号码 No 0019950518

人民币	千	百	十	万	千	百	十	元	角	分
（大写）柒佰玖拾叁元整						￥	7	9	3	0	0

用途备用

上列款项请从我账户内支付

（银行会计处理项目略）

付款记账凭证　　凭证编号银付字第 0019 号出纳编号 019

2019 年 8 月 8 日　　　　| 贷方科目 | 银行存款 |

摘　要	结算方式	票号	借方科目		金　额										过账符号
			总账科目	明细科目	亿	千	百	十	万	千	百	十	元	角	分	
提备用金	支票	0518	现　金							￥	7	9	3	0	0	✓
附单据壹张			合　计							￥	7	9	3	0	0	

会计主管人员　谢意　记账　李梅　稽核　姜平　制单　李梅　出纳　金夏　领款人

现金日记账

2019年		凭证号	摘要	对方科目	借　方										贷　方										核对号	借或贷	余　额									
月	日				千	百	十	万	千	百	十	元	角	分	千	百	十	万	千	百	十	元	角	分			千	百	十	万	千	百	十	元	角	分
8	1		期初余额																												￥	6	7	8	4	0	0
	1	略	借差旅费	略															￥	2	0	0	0	0	0						￥	4	7	8	4	0	0
	2		销售服装	略		￥	6	7	8	0	0	0	0																￥	7	4	9	8	4	0	0
			存现金	略												￥	6	9	2	0	0	0	0						￥	5	7	8	4	0	0
	8		补付差旅费	略																￥	7	9	3	0	0						￥	4	9	9	1	0	0
	15		提现金	略				￥	7	9	3	0	0																	￥	5	7	8	4	0	0

第九章

一、单选题

1. A 2. D 3. C 4. B 5. A 6. A 7. A 8. B 9. D 10. B 11. D
12. C 13. D 14. C 15. D 16. A 17. C 18. C 19. A 20. B 21. D 22. C
23. D 24. B 25. D

二、多选题

1. ABCDE 2. BD 3. DE 4. AC 5. BD 6. CD 7. ACDE 8. ABCDE
9. AB 10. CE 11. AC 12. BC 13. AC 14. BCE 15. BD 16. ABCE
17. ACD 18. ABCE 19. ABCD 20. ABE 21. AD 22. CD 23. CDE 24. ABC
25. AE

三、判断题

1. ✕ 2. ✕ 3. ✕ 4. ✕ 5. ✕ 6. ✕ 7. ✕ 8. ✓ 9. ✕ 10. ✓ 11. ✕
12. ✕ 13. ✕ 14. ✕ 15. ✕

四、会计实务题

1.

解题提示:该练习题主要考核学习者对货币资金清查知识的熟练掌握程度,应在全面掌握货币资金清查知识的基础上完成。它包括货币资金的构成及其在清查中需要办理的手续,以及所设立的专门账户(主要是"待处理财产损溢"账户)等。同时,应注意掌握未达账项的含义及其与银行存款余额调节表之间的关系,熟练掌握银行存款余额调节表的编制方法等。此外,应注意对与财产清查结果处理有关的账户设置、复式记账、记账凭证和账簿登记等方面知识内容的复习和巩固。

(1)① 对发现的库存现金盘盈首先应调整账簿记录,做到账实相符。应填制收款记账凭证,会计分录为:

借:库存现金　　　　　　　　　　　　　　　　　80
　　贷:待处理财产损溢——待处理流动资产损溢　　　　80

② 经批准后转作企业的营业外收入,对盘盈进行转销。应填制转账记账凭证,会计分录为:

借:待处理财产损溢——待处理流动资产损溢　　　80
　　贷:营业外收入　　　　　　　　　　　　　　　　80

(2)① 对发现的库存现金盘亏首先应调整账簿记录,做到账实相符。应填制付款记账凭证,会计分录为:

借:待处理财产损溢——待处理流动资产损溢　　　200
　　贷:库存现金　　　　　　　　　　　　　　　　200

② 经批准后由出纳员赔偿。应填制转账记账凭证,会计分录为:

借:其他应收款　　　　　　　　　　　　　　　　200
　　贷:待处理财产损溢——待处理流动资产损溢　　　200

（3）编制银行存款余额调节表如下：

银行存款余额调节表

元

项　　目	金　　额	项　　目	金　　额
企业银行存款日记账余额	112 000	银行对账单余额	148 000
加：银行已收，企业未收	③ 20 000	加：企业已收，银行未收	① 4 000
减：银行已付，企业未付	④ 16 000	减：企业已付，银行未付	② 36 000
调节后的存款余额	116 000	调节后的存款余额	116 000

2.

解题提示：该练习题主要考核学习者对实物资产清查知识的熟练掌握程度，应在全面掌握实物资产清查知识的基础上完成。它包括实物资产的构成内容及其在清查中需要办理的手续，以及所设立的专门账户（主要是"待处理财产损溢"账户）等。同时，应注意掌握实物资产清查结果的不同处理要求。此外，应注意对与财产清查结果处理有关的账户设置、复式记账、记账凭证和账簿登记等方面知识内容的复习和巩固。

（1）① 对发现的材料盘盈首先应调整账簿记录，做到账实相符。应填制转账记账凭证，会计分录为：

借：原材料　　　　　　　　　　　　　　　　　　100

　　贷：待处理财产损溢——待处理流动资产损溢　　　　100

② 经批准冲减企业的管理费用。应填制转账记账凭证，会计分录为：

借：待处理财产损溢——待处理流动资产损溢　　　　100

　　贷：管理费用　　　　　　　　　　　　　　　　　100

（2）① 对发现的产品盘亏首先应调整账簿记录，做到账实相符。应填制转账记账凭证，会计分录为：

借：待处理财产损溢——待处理流动资产损溢　　1 000

　　贷：库存商品　　　　　　　　　　　　　　　　1 000

② 经批准增加企业的管理费用。应填制转账记账凭证，会计分录为：

借：管理费用　　　　　　　　　　　　　　　1 000

　　贷：待处理财产损溢——待处理流动资产损溢　　　1 000

（3）① 对发现的材料盘亏首先应调整账簿记录，做到账实相符。应填制转账记账凭证，会计分录为：

借：待处理财产损溢——待处理流动资产损溢　　1 100

　　贷：原材料　　　　　　　　　　　　　　　　　1 100

② 经批准后，应区别不同情况进行处理。

对应由过失人赔偿的 800 元，应填制转账记账凭证，会计分录为：

借：其他应收款　　　　　　　　　　　　　　　　800

　　贷：待处理财产损溢——待处理流动资产损溢　　　　800

对残料验收入库作价的 100 元，应填制转账记账凭证，会计分录为：

借:原材料   100

  贷:待处理财产损溢——待处理流动资产损溢   100

对净损失的 200 元,应填制转账记账凭证,会计分录为:

借:管理费用   200

  贷:待处理财产损溢——待处理流动资产损溢   200

(4)① 对发现的材料盘亏首先应调整账簿记录,做到账实相符。应填制转账记账凭证,会计分录为:

借:待处理财产损溢——待处理流动资产损溢   8 000

  贷:原材料   8 000

② 经批准后,计入企业的营业外支出。应填制转账记账凭证,会计分录为:

借:营业外支出   8 000

  贷:待处理财产损溢——待处理流动资产损溢   8 000

(5)① 对发现的固定资产盘亏首先应调整账簿记录,做到账实相符。应填制转账记账凭证,会计分录为:

借:待处理财产损溢——待处理非流动资产损溢   20 000

    累计折旧   80 000

  贷:固定资产   100 000

② 经批准后,转作企业的营业外支出。应填制转账记账凭证,会计分录为:

借:营业外支出   20 000

  贷:待处理财产损溢——待处理非流动资产损溢   20 000

第十章

一、单选题

1. D   2. C   3. C   4. C   5. D   6. C   7. D   8. C   9. C   10. B   11. B   12. C
13. A   14. B   15. B   16. D   17. C   18. A   19. B   20. A   21. A   22. A   23. D
24. D   25. D

二、多选题

1. AB   2. BCD   3. ABD   4. AB   5. BC   6. ABCD   7. AB   8. ABD   9. BCD
10. ABD   11. ABC   12. ABD   13. CD   14. ABCD   15. ABD   16. AB   17. ABCD
18. AC   19. ABCD   20. ABD   21. ABC   22. AC   23. AB   24. ABCD   25. BC

三、判断题

1. ×   2. √   3. ×   4. ×   5. ×   6. √   7. ×   8. √   9. ×   10. ×
11. ×   12. ×   13. ×   14. ×   15. ×

四、会计实务题

1. "营业收入"项目的金额 $=5\ 000-100+300-60=5\ 140$(万元)

"营业成本"项目的金额 $=4\ 000-60+200-40=4\ 100$(万元)

2. "应收账款"项目的金额 $=600+100-80=620$(万元)

"预付账款"项目的金额＝320＋20＝340(万元)

"应付账款"项目的金额＝400＋60＝460(万元)

"预收账款"项目的金额＝800＋40＝840(万元)

3.(1)"长期借款"项目的金额＝(300＋600＋450)－450＝900(万元)

(2)长期借款中应列入"一年内到期的非流动负债"项目的金额＝450(万元)

(3)"长期待摊费用"项目的金额＝50－20＝30(万元)

(4)长期待摊费用中应列入"一年内到期的非流动资产"项目的金额＝20(万元)

4.该企业2019年度利润表中有关项目的金额如下：

(1)营业利润＝45 000×(20－12)＋30 000－50 000＝340 000(元)

(2)利润总额＝340 000＋3 000＝343 000(元)

(3)所得税费用＝[343 000－2 500＋(25 000－20 000)＋(20 000－15 000)]×25％
＝87 625(元)

(4)净利润＝343 000－87 625＝255 375(元)

5.(1)2018年年末的所有者权益总额＝1 500×125％＝1 875(万元)

(2)2019年年初的所有者权益总额＝4 000×1.5＝6 000(万元)

(3)2019年年初的资产负债率＝4 000÷(4 000＋6 000)＝40％

(4)资本积累率＝(年末所有者权益－6 000)÷6 000＝150％

2019年年末的所有者权益总额＝15 000(万元)

资产负债率＝负债总额÷(15 000＋负债总额)＝0.25

2019年年末的负债总额＝5 000(万元)

(5)2019年年末的产权比率＝5 000÷15 000＝33.33％

(6)2019年的所有者权益平均余额＝(6 000＋15 000)÷2＝10 500(万元)

2019年的负债平均余额＝(4 000＋5 000)÷2＝4 500(万元)

(7)2019年的息税前利润＝1 005÷(1－25％)＋4 500×10％＝1 790(万元)

(8)2019年的总资产报酬率＝1 790÷(10 500＋4 500)＝11.93％

(9)2019年的已获利息倍数＝1 790÷(4 500×10％)＝3.98

6."应收账款"项目的金额＝60 000＋10 000＝70 000(元)

7."应收账款净额"项目的金额＝160 000－500＝159 500(元)

8."销售商品、提供劳务收到的现金"项目的金额＝4 000 000＋2 000 000＋200 000＋
520 000＝6 720 000(元)

9.该企业销售商品的现金流入额＝936－50＝886(万元)

五、综合题

(1)编制会计分录如下：

① 销售商品时：

借:应收票据　　　　　　　　　　　　　　　　　678 000

　贷:主营业务收入　　　　　　　　　　　　　　　600 000

　　　应交税费——应交增值税(销项税额)　　　　　78 000

结转成本时：

借:主营业务成本   350 000

  贷:库存商品   350 000

② 交付 B 公司委托代销的商品时:

借:委托代销商品   250 000

  贷:库存商品   250 000

③ 收到 B 公司交来的代销清单时:

借:应收账款   452 000

  贷:主营业务收入   400 000

    应交税费——应交增值税(销项税额) 52 000

借:销售费用   20 000

  贷:应收账款   20 000

借:主营业务成本   250 000

  贷:委托代销商品   250 000

④ 以交款提货方式销售商品时:

借:银行存款   113 000

  贷:主营业务收入   100 000

    应交税费——应交增值税(销项税额) 13 000

借:主营业务成本   60 000

  贷:库存商品   60 000

⑤ 交易性金融资产公允价值上升时:

借:交易性金融资产——公允价值变动   50 000

  贷:公允价值变动损益   50 000

⑥ 计提存货跌价准备时:

借:资产减值损失   50 000

  贷:存货跌价准备   50 000

⑦ 本月应交企业所得税=(主营业务收入 600 000+主营业务收入 400 000+主营业务收入 100 000+公允价值变动损益 50 000+其他业务收入 30 000+营业外收入 70 000)-(主营业务成本 350 000+销售费用 20 000+主营业务成本 250 000+主营业务成本 60 000+资产减值损失 50 000+其他业务成本 20 000+税金及附加 15 000+管理费用 60 000+财务费用 22 000+营业外支出 18 000)×25%=385 000×25%=96 250(元)

借:所得税费用   96 250

  贷:应交税费——应交所得税   96 250

(2)编制利润表见下表:

利润表

编制单位：甲公司　　　　　　　　　　2019 年 6 月　　　　　　　　　　　　　　元

项　目	本期金额
一、营业收入	1 130 000
减：营业成本	680 000
税金及附加	15 000
销售费用	20 000
管理费用	60 000
财务费用	22 000
资产减值损失	50 000
加：公允价值变动收益（损失以"－"号填列）	50 000
投资收益（损失以"－"号填列）	
二、营业利润（亏损以"－"号填列）	333 000
加：营业外收入	70 000
减：营业外支出	18 000
三、利润总额（亏损总额以"－"号填列）	385 000
减：所得税费用	96 250
四、净利润（净亏损以"－"号填列）	288 750

第十一章

一、单选题

1. A　2. A　3. C　4. C　5. D　6. B　7. B　8. A　9. A　10. C　11. B
12. C　13. C　14. B　15. C　16. B　17. B　18. C　19. A　20. D　21. B　22. A
23. D　24. D　25. A　26. D　27. A　28. B　29. A　30. A　31. C　32. B　33. D
34. B　35. C　36. B　37. B

二、多选题

1. ABCD　2. ABC　3. AC　4. ABD　5. BCD　6. AD　7. AD　8. ACD
9. ABC　10. ABC　11. AD　12. AC　13. AC　14. ABD　15. ABC　16. AB
17. AC　18. ACD

三、判断题

1. √　2. √　3. ✕　4. √　5. ✕　6. ✕　7. √　8. ✕　9. ✕　10. ✕
11. √　12. ✕　13. ✕　14. ✕　15. ✕　16. √　17. √　18. ✕　19. √　20. ✕
21. √　22. ✕　23. ✕　24. √　25. √　26. √　27. ✕　28. ✕　29. √　30. √
31. ✕　32. √　33. √

四、会计实务题

编制会计分录如下：

(1) 借：固定资产   72 000
       贷：银行存款   72 000

(2) 借：制造费用   3 200
       管理费用   800
       贷：累计折旧   4 000

(3) 借：应收账款   56 500
       贷：主营业务收入   50 000
         应交税费——应交增值税(销项税额)   6 500
借：主营业务成本   40 000
     贷：库存商品——甲产品   40 000

(4) 借：管理费用   200
       贷：预付账款   200

(5) 借：原材料——乙材料   10 000
       应交税费——应交增值税(进项税额)   1 300
       贷：应付票据——B公司   11 300

(6) 借：原材料——乙材料   1 300
       贷：银行存款   1 300

(7) 借：长期借款   1 500 000
       贷：银行存款   1 500 000

(8) 借：管理费用   800
       库存现金   200
       贷：其他应收款——李彬   1 000

(9) 借：应付票据——B公司   22 600
       贷：银行存款   22 600

(10) 借：固定资产   3 000
       贷：营业外收入   3 000

(11) 借：坏账准备   8 800
       贷：应收账款——丙公司   8 800

(12) 借：待处理财产损溢——待处理流动资产损溢   500
       贷：原材料——乙材料   500
借：其他应收款——曲某   500
     贷：待处理财产损溢——待处理流动资产损溢   500

(13) 借：应交税费——应交城市维护建设税   700
            ——应交教育费附加   300
       贷：银行存款   1 000

(14) 借：库存现金   800

　　　　　　贷:营业外收入　　　　　　　　　　　　　　　　800
　　(15)借:管理费用——办公设备租金　　　　　　400
　　　　　　贷:预付账款　　　　　　　　　　　　　　　　400
　　(16)借:在途物资——丁材料　　　　　　　　2 000
　　　　　　应交税费——应交增值税(进项税额)　　260
　　　　　　贷:银行存款　　　　　　　　　　　　　　　2 260
科目汇总表如下:

科目汇总表

2019 年 3 月 10 日　　　　　　　　　　　　　　　　　　第×号

　　　　　　　　　　　　　　　　　　　　　　　　　　　　　元

会计科目	账 页	本期发生额	
		借方	贷方
库存现金		1 000	
银行存款			1 599 640
应收票据			
应收账款		56 500	8 800
其他应收款		500	1 000
坏账准备		8 800	
在途物资		2 000	
原材料		11 300	500
库存商品			40 000
预付账款			600
固定资产		75 000	
累计折旧			4 000
短期借款			
应付票据		22 600	11 300
应付账款			
应交税费		3 040	6 500
其他应交款			
预收账款			
长期借款		1 500 000	
生产成本			
制造费用		3 200	
主营业务收入			50 000
其他业务收入			

会计科目	账 页	本期发生额	
		借方	贷方
营业外收入			3 800
主营业务成本		40 000	
税金及附加			
其他业务支出			
营业费用			
管理费用		2 200	
财务费用			
营业外支出			
合 计		1 726 140	1 726 140

参考文献

［1］胡强.会计基础［M］.北京：中国财政经济出版社，2016.

［2］陈文铭.基础会计习题与案例［M］.大连：东北财经大学出版社，2016.

［3］张志凤，刘忠.初级会计实务［M］.北京：北京大学出版社，2015.